改革开放进程中的经济学家学术自传

高培勇　张卓元　主编

金碚学术自传

金碚◎著

ACADEMIC AUTOBIOGRAPHY OF JINBEI

SPM
南方出版传媒
广东经济出版社
·广州·

图书在版编目（CIP）数据

金碚学术自传 / 金碚著．—广州：广东经济出版社，2019.9
（改革开放进程中的经济学家学术自传）
ISBN 978-7-5454-6803-8

Ⅰ.①金… Ⅱ.①金… Ⅲ.①金碚—自传 Ⅳ.①K825.31

中国版本图书馆CIP数据核字（2019）第194285号

出 版 人：李　鹏
责任编辑：甘雪峰　王成刚
责任技编：陆俊帆

《金碚学术自传》
JINBEI XUESHU ZIZHUAN
金碚　著

出版发行	广东经济出版社（广州市环市东路水荫路11号11—12楼）
经销	全国新华书店
印刷	恒美印务（广州）有限公司 （广州市南沙经济技术开发区环市大道南路334号）
开本	787毫米×1092毫米　1/16
印张	10.5
字数	110 000字
版次	2019年9月第1版
印次	2019年9月第1次
书号	ISBN 978-7-5454-6803-8
定价	68.00元

如发现印装质量问题，影响阅读，请与承印厂联系调换。
发行部地址：广州市环市东路水荫路11号11楼
电话：（020）38306055 87393830　邮政编码：510075
营销网址：http://www.gebook.com
广东经济出版社新浪官方微博：http://e.weibo.com/gebook
广东经济出版社常年法律顾问：胡志海律师

作者简介

金碚

中国社会科学院学部委员，中国社会科学院工业经济研究所研究员；享受政府特殊津贴专家；中国社会科学院研究生院教授、博士生导师。现任中国区域经济学会会长，中国工业经济学会副会长；《中国经营报》社社长；郑州大学商学院院长。曾任中国社会科学院工业经济研究所所长。

主要研究方向：产业经济学、工业化与发展经济学、企业理论与实践等。

学术贡献及影响力：出版学术著作40多部、学术论文400余篇。获全国精神文明“五个一工程”著作奖、中国图书奖、首届中国出版政府奖、孙冶方经济科学奖、中国社会科学院优秀成果奖、对策研究特等奖等20多项国家级或部级优秀成果奖及多项个人荣誉。

代表性著作：《发展中国家经济发展战略》《国外经济增长比较研究》《中国工业化经济分析》《中国工业国际竞争力——理论、方法与实证研究》《何去何从——当代中国的国有企业》等。

金碚学术自传

目录

壹

我的国家，我的人生

我们这代人的成长经历、生活境遇和职业生涯，同共和国的诞生和发展休戚相关。可以说，新中国历史就映射在这代人的人生履历之中。

我出生在解放军部队的一个知识分子家庭，父母都是军队医院的医生。20世纪50年代，即新中国成立后的最初年代，国家经济条件比较落后，而知识分子，特别是高级知识分子却可以受到比较特殊的优待和尊重。生长在这样的家庭，我的童年是无忧无虑、快乐幸福的。50年代后期，国家实行“鼓足干劲，力争上游，多快好省地建设社会主义”的总路线。大人们非常兴奋，孩子们在学校里也感受到一种“好好学习，天天向上”的氛围，还不时参加由学校组织的体验“大跃进”的社会活动，例如为“大炼钢铁”而收集废旧铁器。听学校老师和大人们说，中国获得了解放，但世界上还有2/3的人民生活在“旧社会”，身处“水深火热之中”。我们中国现在还不够强大，一定要奋发图强，艰苦奋斗，“赶美超英”，建成社会主义强国。等我们富强了，还要去解救生活在其他国家的贫苦大众，解放全人类。

孩子们是天真的，也是真诚的。我在小学和中学期间，酷爱数、理、化，希望成为自然科学家，长大后为建设美好国家做贡献。我自己选择订的是《天文爱好者》《航空知识》之类的科普杂志，最喜欢《科学家谈21世纪》《十万个为什么》以及19世纪法国作家儒勒·凡尔纳的科幻小说。无论今天的年轻人如何想象那个“一穷二白”的中国，而在我自己的记忆中，那是一个充满幻想的中小学生时代。物质生活是贫乏的，但想象力却自由飞翔。

进入60年代，国家经济形势跌入低谷，称为“三年困难”时期。我的家庭也发生了巨大变故，如同“天塌了”一般：作为家庭顶梁柱的父亲因手术医疗事故英年逝世，年仅40岁。那正是1960年！这是我人生中最痛苦的一年，也是新中国成立以来第一个痛苦之年，据说在农村有不少人饥饿而死。我家虽然还没有饥饿之忧，但经受着比饥饿更大的痛苦。

父亲去世，母亲向组织提出的唯一请求是：希望去上大学，读医学院，继承丈夫遗志，也是实现自己自幼的求学愿望（当时母亲是与父亲同一医院的科护士长）。部队同意了，于是，母亲作为“调干生”入学南京医学院医学本科专业。这样，我们一家三口，当年就都成了学生，是一个名副其实的“学生之家”。母亲很坚强，化悲痛为力量——学习的力量，她和年轻的同学们一样上课“背书”（学医学特别要“背书本”的功夫），成为班级中的“段大姐”。这也是我和妹妹童年时的榜样，相信知识就是力量，从读书中摆脱所有忧烦。努力学习，认真读书，热爱科学，比其他任何事情都更有意义。这一信念伴随我一生。

1963年，我考入南京市第九中学，这是一所市级重点中学，校风良好，学习氛围浓厚，学生们除努力完成学校课程，还自发组织了各类“学习兴趣小组”。那时学校就提倡进行“教改”，减轻学生负担，课程压力并不大，学生们课余时间比较充裕，但学习兴趣很高，主动性很强。遗憾的是，这样的日子并不长，1966年，到了初中三年级，就在我们完成了初中学业，准备报考高中的时候，“文化大革命”

开始了。不久，学校“停课闹革命”了。那段时间，感觉最值得记忆的是，从1966—1968年的全国“大串联”。学生们可以免票乘坐火车汽车，走遍全国。那时的大人们对孩子也真是放心得下，任由他们成群结队地到处去，学生们说是要到北京见毛主席，家中的大人还挺为此而满足。许多工作单位的职工也开始加入“大串联”，停工“闹革命”。

1968年，中央提出中小学要“复课闹革命”，但学生们实际上已无心上课了。作为当时教育“改革”的重要举措之一，南京市的几所重点中学被要求下放到农村去办。南京九中迁到了长江中间的一个岛上叫八卦洲人民公社的地方，校名也改为“南京八卦洲中学”。我的初中同学大多数都和高中生们被分配到农村插队了，而我和少数同学被学校确定为“升学”，暂未去农村插队，就算是直接升入高中，等待高中毕业（应为1969年）再决定分配去向。这样就可以使得中学还可以保留有高中学生和班级，也可以成为城市工厂招工的来源。在八卦洲我们实际上没有正常上过什么课，而将许多精力和时间用在给当地农村孩子的初中班当“辅导员”。这是我首次接触农村孩子，倒是和他们相处很好。假期中，甚至在我离开八卦洲中学后，他们还成群结队地进城到我南京的家中来玩，还记得我这个辅导员大朋友。

实际上，自从“文化大革命”爆发，我们这代人就失去了学校学习的机会，集体失学。但我的读书欲望似乎是与生俱来的，仍然渴望学习知识。心理学家认为，好奇心是人类本能，对此我是非常认同的。其他书不让看，我就开始阅读马克思、恩格斯和列宁的著作。这在很大程度上也是为了试图搞明白搞“文化大革命”究竟是个什么道理，希望做个“明白人”，也是一种好奇心。从那时起，我开始对文科类书籍有了些兴趣，但没有人指导，完全是自由阅读，大多似懂非懂，囫囵吞枣。不过，读得多了，那扇门还是打开了，至少对“物质第一，精神第二”“生产力决定生产关系”“经济基础决定上层建筑”等这些基本原理是有所知晓了；对马克思主义理论的“三大组成部分”，辩证唯物主义和历史唯物主义、政治经济学以及科学社会主义也了解了个大概。至今印象较深的除了马克思、恩格斯的基本经典著作外还有列宁的《国家与革命》以及关于批判“左派”幼稚病之类的著作。读书增长知识，其实更产生疑问。越是想弄明白国家的政治形势，越感觉“文化大革命”让人摸不着头脑：为什么要大搞政治运动，而不好好发展生产力呢？没有发达的生产力，怎么会有先进的生产关系呢？当年，尽管许多同学热情参加学校和社会上的政治斗争，我对“文化大革命”却一直是个“逍遥派”，没有什么兴趣，既不参加“造反”，也没有动机“保皇”。当时报纸上常常有批评“逍遥派”的文章，但我并不以为然。不过却也培养了我观察社会的兴趣和议论时政的“狂妄”，这倒是与政治气氛相符合——当时提倡和鼓励年轻人“要关心国家大事”。由于“文化大革命”而失学，是我们这代人的悲剧。未曾想近10年后才有机会入学圆梦。仅此一点，对于1977年邓小平毅然决定恢复高考，我们这代人不能不深怀感恩之心。

1969年，我高中毕业，被分配到南京郊区的一个国有煤矿当工人。这个煤矿叫南京官塘煤矿，主要由铁道兵、工程兵复员退伍军人和中学毕业生组成。按军队建制组建，营、团级以上干部为现役军人，连排干部为部队转业干部。那是当年为了落实党中央提出的为改变“北煤南运”状况而开发“苏南煤田”的一个战略性举措，完全是一个政治性工程。尽管报纸上宣传南京周边发现了“大煤矿”，其实，那里的“煤田”中并没有什么有价值的煤矿可开采。为修巷道而填下去的木头，可能比挖出来的煤（其实许多是煤矸石）还要多。煤矿自己用的煤还得掺上从别处买来的煤才能燃烧（我们自己挖出来的“煤”大多只能算作燃值很低的煤矸石）。只因为那是一个重大政治任务，可以不惜代价。现在，当年的那些“苏南煤矿”都不复存在了。

1970年底，我离开煤矿去参军，到北京军区空军航空兵部队位于山西大同地区（灵丘县）的一个机场当兵，几年时间中主要是在机关，也有不太长的一段时间在连队锻炼。非常幸运，我所在部队的首长们都特别关爱我，知道我有读书的爱好，特别允许我可以阅读各种书籍，只是不要外带（我的工作需要经常外出）。由于我是在部队机关工作，有一个很特殊的条件使我可以看到各类书籍（实际上是要我保管这些书籍）。作战部队中对地方上进行的“文化大革命”实际上有抵触情绪，并不那么在意哪些是属于“四旧”之列的禁书。而且，那些书本身就是由组织决定让我“保管”起来不外传的，我实际上是“监守自享”。在我保管的书籍中，有不少经典著作、古典小说、古文图书、国外译著等。在那期间，我读完了《马克思恩格斯选集》（四卷）、《列宁选集》（四卷）、《资本论》等。当然，对其理解是很粗浅的，除了那些特别感兴趣的内容，大部分是浏览而已。当时，有句口号叫“部队是个大学校”，对我来说，这句话具有非常独特的含义，部队经历使我受益终身，不少经典著作都是在那里读到的。对于这段经历，我由衷地感恩部队里的那些首长和机关的参谋、干事们。当时，他们的身份都是干部，而我只是个小战士，却受到他们如长兄般的温暖关爱。

1975年，退伍回到地方——南京市。那时地方的社会风气已经有些变了，退伍军人安排工作也得靠关系。我没有什么过硬关系，被分到按当时的观念是“最低等”的行业——“第二轻工业局”系统。“第二轻工业局”所管的主要是集体所有制企业，只有少数几家属全民所有制（地方国营）企业。按退伍军人的工作安排政策，我被分配到一家叫“南京衡器厂”的“地方国营”工厂。不过，塞翁失马，工厂级别低，我反倒成为厂里的“优秀人才”了。分配到机修车间，那是个很有技术含量的车间，车、钳、铣、刨样样有，而且工人们的技术水平通常较高。车间主任和工人师傅都特别关照我，因为他们断定，我一定不会长期待在车间工作。于是给了我一个特别安排：哪个工种学会了，就安排我去干另一个，让我尽快熟悉各个工种的技术。这样，只一年左右时间，我几乎学会或了解了机修车间里的各个工种。这对于我后来研究工业经济是一段很有意义的经历。这样的情况，大概只会发生在国有企业中！工人们的善良、坦诚，给我留下深刻记忆。在我心中，“工人”是一个非常值得珍视的概念。

正如机修车间的主任和师傅所预见的，由于参加工厂的

“工人理论小组”，我很快被上级机关的宣传部门负责人看中，1976年就被调到南京市二轻局宣传科，成为市级机关的一名干部。在南京市二轻局宣传科工作期间，我负责全系统企业领导的理论学习，也参加过派驻下属企业进行整风整改工作组的工作。加之曾在国有企业当过工人，这段经历对于我以后研究国有企业改革不无裨益。

当时，宣传科还负责全系统各单位向大学推荐“工农兵学员”的工作。我具体参与了这项工作，有机会提前了解到国家的高校招生政策：1977级实行推荐与考试相结合的选录方式（各省分别出考题），实际上是以考试成绩为录取的主要依据。1978级开始，实行全国统考，单位推荐不再是必要条件，个人可以自主报考。这一恢复高考的政策，极大地唤起了我的大学梦。当时，宣传科有两名年轻人，我们约定，为了不影响工作，她报考1977级，我报考1978级。特别幸运的是，我们的两位科领导（都是女同志），非常开明，真诚支持我们报考。她们根据自己的观察，认为我们一定都能考上。我们的离开无疑会对科里工作产生不利影响，但两位领导不仅丝毫没有表现出阻拦之意，而且对两位部下的行动表示由衷的支持。我们能考取大学，就好像也是她们的骄傲。在这样的单位工作仅仅一年多，给我留下的记忆是非常美好的。

1978年我考入南京师范学院（后更名为南京师范大学），毕业后考入南京大学，分别获法学学士和经济学硕士学位。我曾在南京大学担任两年讲师，讲授《资本论》研究和发展经济学两门课程，1986年，考入中国人民大学攻读经济学博士学位。1978—1989年，是我人生经历中的第二个学生时代（其间任教两年）。这是我从实际工作部门转向经济学研究领域的预备时期，也正是国家从“以阶级斗争为纲”转向“以经济建设为中心”的历史转折时期。从此，经济学研究成为我不离不弃的命运方向。

随着时代变迁，我在多个行业中磨炼，有机会到军队和社会基层及政府机关的各种岗位“转悠”了近10年。因而我的学校时代实际上分为三个时期，1957—1969年的中小学时期、1971—1975年的部队生活（我一直认为部队生活也是我不可忘却的一个“学校”时期）、1978—1989年的大学时代，30多岁才走上从事经济学理论研究的道路。我少年时酷爱数、理、化，希望成为自然科学家的个人理想不敌历史潮流的强大力量，后来的职业道路似乎与年少时的志趣南辕北辙。不过，我一生的成长、学习、工作和科研经历，同国家命运密切相连，目睹并亲身经历了从传统计划经济向社会主义市场经济转变的艰难过程，个人命运同中国工业化和现代化的伟大事业休戚相关，切身感受着民族的进步和个人所做的微薄贡献的关联，则是一种真正的人生幸运。

在即将结束学校时代的时候，有一件值得记忆并对我的学术道路具有深远影响的事情，至今历历在目，不断激发着我的科研使命感。20世纪80年代，为了适应经济体制改革开始后的新形势，各高校都积极编写新的《政治经济学》教科书，其中，资本主义部分主要采用《资本论》的逻辑，社会主义部分主要借鉴苏联曾经编写的《社会主义政治经济学教科书》的框架逻辑。而北京大学厉以宁教授主编了一本最具创新性的《社会主义政治经济学》，试图另辟蹊径，将马克思主义政治经济学与西方主流经济学相衔接，创造一本具有全新理论框架的社会主义经济学教程。该书出版和使用后在高校和政治经济学理论界产生了广泛影响。1987年，北京大学的年轻学者撰写了一篇书评，主要是高度评价这部教科书，投稿于《中国社会科学》期刊。考虑到当时学术界对社会主义政治经济学的不同学术观点，《中国社会科学》期刊编辑约请中国人民大学的学者撰写一篇与北京大学“观点不同”的学术性书评，两篇同时发表，以引起讨论。中国人民大学的胡乃武教授推荐我来写这篇书评。当时我是中国人民大学经济系的博士研究生，很慎重地向导师吴树青教授请教，以一名学生的身份对北京大学著名教授的著作写带有商榷性意见的书评是否合适？导师明确地指示，可以写，而且要实事求是，实话实说。于是，我撰写了一篇题为《探索中的进展与困难》的学术性书评，发表于《中国社会科学》1988年第1期，《新华文摘》在1988年第2期就进行了转载。

那时，我正在撰写博士学位论文，写作完成后，导师认为应请厉以宁教授作为主要评审人。吴树青老师说：“你评论了厉以宁教授的著作，而且跟他有商榷，理应请他评阅你的论文。”论文寄送给厉以宁教授审阅后，吴树青老师让我自己到厉以宁教授家中去取评阅书，可以当面聆听他的意见，接受教诲。我怀着忐忑不安的心情来到厉以宁教授家中。厉以宁教授非常亲切热情地接待了我，并跟我简要讨论了我博士学位论文中的内容，他说“你的论文写得很好，可以争取出版。”[1]并将话题转向他的《社会主义政治经济学》一书，对我说，“你的书评写得不错，提出的问题很好也很尖锐。但是，这些问题我们这一代经济学家恐怕是解决不了了，寄希望于你们年轻一代的经济学家来继续探索。你们的学术研究条件会比我们更好。”厉以宁教授说得非常真诚、亲切，充分展现了一位学术大师的学术胸怀和科学精神，不仅令人感动，而且使人更为尊敬。厉以宁教授是年轻一代中国经济学者开眼看世界的思想启蒙者，改革开放后大概所有的经济学者都读过他的论著，他所具有的强烈的学术使命感，影响和激励着年轻的经济学者们，使他们投身于创造新的政治经济学和发展中国经济学的科研事业中。

回到学校我将同厉以宁教授谈话的内容向导师吴树青汇报。吴老师说：“厉以宁教授是有很高学术水平的，深谙各派经济学说，他对你所说的就是我们这一代经济学家对你们的期望。你们所受的经济学训练比我们强，有更多机会了解国外经济学的发展状况，中国改革开放的实践也将使你们有更丰富的研究对象和内容。你们更应有创造中国的政治经济学和推进经济学各学科发展的使命感。”

① 博士论文《经济发展与宏观筹资》1991年由中国人民大学出版社出版。

贰

幸运的学术研究生涯，我在社科院工经所

1989年，我从中国人民大学经济学系研究生毕业，获得经济学博士学位后，进入中国社会科学院工业经济研究所。和此前多年总是在各个单位间转换不同，进入中国社会科学院工业经济研究所后，就彻底地"从一而终"了。我感觉终于找到了一个自己非常喜爱的工作。学术研究能够充分发挥人的潜在能力，满足探求世界奥秘的好奇心。一旦进入科研单位，我就感觉有了心灵的归宿，再没有什么诱惑可以使我离开这里。这里是学术殿堂，"安心"之地，真正开始了我的学术生涯。中国社会科学院工业经济研究所，在我心中真正成了"我的"社科院和"我的"工经所。

全身心投入经济学研究，如鱼得水。我获得了国内几乎所有同经济学有关的科研成果奖，其中有20多项是国家级和省部级优秀科研成果奖，包括全国精神文明"五个一工程"著作奖、中国图书奖、首届中国出版政府奖、中国社会科学院优秀成果奖、孙冶方经济科学论文奖、蒋一苇企业改革与发展优秀学术成果奖等。1991年，被中国人民大学授予"做出突出贡献的博士学位获得者"荣誉；1994年，被中国社会科学院评为"中青年有突出贡献专家"；同年，被国务院评为享受政府特殊津贴待遇的专家；1996年，被人事部评选为"国家重点资助优秀留学回国人员"；1997年，被国家教育委员会和人事部评为"全国优秀留学回国人员"；2010年，被评为"中国社会科学院科研岗位先进个人"；2011年被评选为中国社会科学院学部委员。

我曾担任国家新闻出版总署报业管理专家顾问、中华人民共和国卫生部管理专家委员会委员、国家工商总局市场管理专家委员会专家以及一些地方政府的特聘专家、若干高校的兼职教授等职务。还担任"国家金融与发展实验室"、中国国际咨询公司、工信部赛迪研究院等多个国家智库的理事或专家组成员。

在中共“十七大”召开之前，我担任了关于科学发展观调研课题组的执行负责人，撰写了《关于科学发展观的若干问题研究》的调查报告，并代表中国社会科学院课题组向胡锦涛总书记主持的会议进行了汇报，受到中央重视。

2012年5月28日，我为第十七届中共中央政治局第三十三次集体学习“坚持走中国特色新型工业化道路和推进经济结构战略性调整”进行讲解。

成果和奖励可以算是对努力科研工作的回报，能够为国家建言献策，也可算是一位学术研究者所尽的一份职责。我从未为此感觉荣耀，心中所想的是：作为主要从事应用经济学研究的经济学家，将理论成果应用于实践，创造科学研究成果的现实应用价值，应是治学的方向。特别是，如果我们相信自己所研究的学问和所完成的科研成果是有科学价值的，那么，就应该努力学以致用，以实践的成效证明理论的真理性。对于应用经济学，能够解释和解决实际问题的科研成果才是更有现实价值的成果，能够解决实际问题的学者才是真正掌握了社会科学精髓的学者，尤其是，能够让自己所领导的组织和带领的团队具有整体竞争力的学者才是真正具有创新能力的学术带头人。但恰恰在这方面，我总觉得做得还很不够。我一直期望有机会能够开拓应用经济学的新领域，能够为经济学的抽象理论与经济实践建立一个更通畅可行的桥梁通道。

回顾数十年来的经济学研究工作，要说个人的“理论贡献”，我实在不敢说自己有多大的作为。只不过是我们所处的时代是一个经济学具有特殊的用武之地的社会大变革时期。历史把经济学家推到了风口浪尖之上，社会大众特别希望知道经济学家们如何说，政府决策者也想听听经济学家们的意见。于是，经济学成为“显学”“皇冠上的宝石”，甚至真的有点“经济学帝国主义”的味道，无论是属于你的还是不属于你的地盘，好像你都有权利随意出入。其实，同其他学科一样，经济学家只要离开了自己真正深入研究过的领域，并不会比其他人更高明；经济学家即使有了理论研究的成果，也并不表明在现实问题的决策意见上一定可以正确无误，即使这个现实问题是属于自己专长的理论研究范围。例如，2008年爆发的国际金融危机，几乎没有哪位经济学家曾经准确预见（尽管有些经济学家确实发出过对经济前景悲观性的警告），甚至也没有哪位经济学家可以有把握地准确预测，哪怕只是一两年以后的世界经济形势。因此，经济学家们在总结自己的理论贡献时，一定要有自知之明的理智。一定要切记，人类所犯的最大错误往往就产生于过于自以为是的心理偏向。

当然也应该承认，改革开放40年来，中国经济学家做出了很大的贡献，中国的经济学理论也有了很大的进步，以至于人们时常会讨论“中国经济学家是否该获诺贝尔经济学奖了”的问题。其实，当代中国经济学家的真正理论贡献是：抛弃了过去的意识形态教条，重新学习经济学（曾经在大学里学过的那一套大多不太管用了），并把自己才掌握不久的经济学知识运用于解释社会现实，从而为改革开放注入经济学的逻辑和思维方式。从一定意义上可以说，这一代中国经济学家理论贡献的最大特点之一，就是否定自己过去所坚持的观念意识和自己曾经坚定相信的一些理论观点。尽管中国经济学家与新中国成立70年特别是改革开放40年来的历史血肉相连，但没有谁的理论是“一贯正确”的。每一位中国经济学家特别是做出了重要理论贡献的中国经济学家，都是从自己曾经相信的错误理论（或者过时理论）中走出来的。所以，中国经济学家最重要的理论贡献叫作“思想解放”，不仅是解放别人的思想，而且首先是解放自己的思想，实际上就是否定过去的错误观念，包括那些根深蒂固的误解或偏见。中国经济学家不必为否定自己而惭愧，也不要以标榜自己的“先见之明”而得意。改革、开放、发展、创新，就是否定和“否定之否定”。如果说，能够否定别人的理论错误是一种科学进步，那么，有勇气否定自己过去的理论错误就是更伟大的科学进步，因为，凡是突破性的科学进步，都是从否定了众人也包括科学家自己过去的错误认识中诞生的。

我们这一代人，经历了中国计划经济时代、“文化大革命”时期、改革开放时代和中共十八大开启的新时代。这也许可以称为新中国的“前30年”“后30年”和“新30年”，大致应了“三十年河东，三十年河西”的俗话。在这风风雨雨、沧桑变迁的年代，我的职业生涯从城市到农村、矿山、军队、工厂、政府机关、高校。1989年获博士学位后分配到中国社会科学院工业经济研究所，成为一名专职科研人员。当时已年近40岁，自以为超脱繁杂，潜心科研应是我从业生涯的最后归宿了。但从1995年起就开始了“双肩挑”的历程，即开始担任工业经济研究所副所长，走上了行政管理岗位。自此以后一直担任研究所的行政领导工作（党委书记和所长）。

我在工业经济研究所担任领导期间，力推实施研究所建设的“百、千、万”战略，形成可在全国独树一帜的研究所组织机构框架：当时，工业经济研究所本部（体制内）编制百人，下属集团员工千人，并构建全国性网络万人。经几代人的努力，到21世纪，工业经济研究所发展成为集科研、教学、出版、传媒、咨询为一体的经济研究机构，无疑是中国社会科学院最具特色的研究所之一，同时社会影响力也很广泛。

2013年我63岁，11月卸任工业经济研究所所长。不过，中国社科院党组同时又任命我担任中国经营出版传媒集团总裁，并决定该传媒集团划归中国社会科学院直接管理。这个出版传媒集团是工业经济研究所于2009年建立的，工经所行政建制中为此还增设了一个“集团联络处”，主要下辖经济管理出版社、《中国经营报》社和《精品购物指南》报社等三个单位及其下属的若干实体单位，员工总人数超过千人。同时我还继续担任中国区域经济学会会长，主持学会工作。这样，我虽然退出了工业经济研究所所长的领导岗位，但实际上并未能完全退出行政职务，仍然继续承担较多的管理工作。应该算是退居二线，其实仍在一线忙碌。

无论是在任所长期间还是卸任所长后，也许我都是全社科院中担任行政管理工作最多，管理幅度最宽的研究所领导之一。一些朋友非常担心我可能会因行政工作繁忙而耽误了科研工作，常有师长和朋友提醒我，从长远来看，学者的主业应是自己“唱戏”（做自己的学问）而不是“搭台”（从事组织工作）。而我的实际处境却恰恰是必须以很大的精力

“搭台”：管研究所，管教学，管出版社，管报社，管杂志社，管学会，管集团，等等。如果这就是所谓“双肩挑”，那么，对我来说应该更确切地叫作“一心多用”和“两肩沉”。中国社会科学院增选学部委员时，多位老学部委员有些不解，对我提问：“我们的印象是你承担了太多的行政管理工作，同时管理几个机构，而且据说你所管理的有些单位情况还十分复杂，那你怎么还能有精力完成这些学术研究成果呢?”确实，如何能做到科研和行政工作两不误，一直是我职业生涯中时时面对的挑战和难题。应该说，我管理任何单位和工作，都是尽心尽力的。特别是，对工业经济研究所，我有特殊的感情，工经所是我人生追求的实现之处。我从来没有因自己的学术业务而懈怠研究所的管理工作。实际上是把办好工经所作为我实现学术理想的组成部分。因此，甚至没有感觉到科学研究与行政管理工作之间有很大的冲突。当然，我很感谢所领导班子中的其他同事，特别是承担日常行政工作的副职和职能部门的同事们，是他们的负责、合作、担当和主动精神，为我分担了许多琐事。老同事谷玉珍退休后曾给我发来一短信：“退下来后回忆在您领导下工作的20年的时间里，每天都是幸福愉快的，给您这样学识、人品都一流的领导做下级，三生有幸了。”有这样的部下们在一线担责，处理各种复杂事务，而且还感恩我这个“领导”，我有必要担心工作的繁杂吗？回想起来，在我领导的各个单位中，我须承担领导责任的几乎每个职位、每一项工作都会至少有一位“比我更操心、更感压力的部下”。他们都很有“权”，很负责，各项工作情况都对我很透明，也很少发生让我非常不满意的差错，对此我深感非常幸运。有人说，我总是会有非常得力的部下，能为我“挡事儿”，此话不虚。“没有矛盾的领导班子”和“同事们的默契工作关系”大概就是我可以腾出精力进行科研学术工作的“秘诀”之一。所以，我非常真诚地认为：在我的学术成就中，包含了众多同事们的辛劳。我终身都由衷地感激他们！

如果说在这方面我还有什么感受的话，最重要的大概有两点：一是我最欣赏好像是亚里士多德曾经说过的一句话:“研究是最高之善”。因为研究活动可以调动人的最大潜能，运用思维与逻辑，发现和辨明真理，因而享受最大的快乐。二是作为一个科研机构的主要领导人，研究所所长的学术水平和影响力，不只是个人的事情，而是在很大程度上决定或影响着整个研究所在学术界的地位和号召力，学术界同行认不认可这个研究所的领先性和吸引力，所长的学术地位是决定性因素之一。所以，提高自己的学术水平和学术影响力，是研究所所长不可推卸的本职责任。也许就是基于这两点，无论其他工作有多繁忙，行政管理工作头绪有多复杂，我始终坚持“咬定科研不放松”。这其实也不过就是“守住本分”吧！回顾我一生的职业生涯，应该说这是正确的抉择和道路。当然，要做到这一点也得有一个最基本的条件：少为家务所缠。这就得非常感谢我的妻子黄德宁，是她的辛苦操持才让我在家里少管家务，可以说，在家“一头轻”，才可能助我应对工作的“两肩沉”，在长期繁忙的行政管理事务中守住科研工作和学术进取的本分。

叁

国企经历与研究，我的国企改革论

国有企业改革对于我从来不是一个抽象的理论推演问题。我中学毕业走进社会的第一份职业就是国有企业工人。二十世纪六七十年代，我不仅曾在国有企业就业，而且在政府的工业企业管理部门工作过，参加过对国有企业（当时称为地方国营工厂）领导班子的整改工作组，对国有企业的历史和实际状况有较深切的了解。20世纪80年代开始进行国有企业改革，在理论研究过程中，我心目中出现的国有企业形象，总是那些曾经的国营工厂的厂长、经理和车间的工人师傅们。国有企业在我心中是具体的，而不是抽象的。

到中国社会科学院工业经济研究所工作，使我具备研究的条件并承担起了深入国有企业研究的责任。从20世纪80年代开始，国有企业改革成为中国经济体制改革的中心环节，我就一直致力于国有企业改革与发展道路的研究，并提出和形成了一个关于国有企业的代表性理论，即“国有企业是特殊企业”。这一理论探讨的多项研究成果曾获得各种重要奖项，特别是受到实际经济工作部门，尤其是国有企业的广泛重视。

我所提出的“国有企业是特殊企业”理论的核心观点是：在市场经济中，国有企业是一种特殊的企业，即国有企业具有特殊的功能和优缺点，能够发挥特殊的作用，在国民经济中占有特殊的地位，但绝不是普遍地适用于大多数企业的企业组织形式。“少而精”才是国有企业的理想状态。由于国有企业是一种特殊企业，所谓“建立现代企业制度”实质上是建立现代国有企业制度，或者就是将原先的国有企业改变为非国有企业。现实中很难做到如不少人设想的那样，将国有企业改革为既保持国有企业性质，又能使其像民营企业那样运行，即把国有企业改革为除了仍由国家保持所有权之外，其他方面完全与一般的民营企业相同。我坚持认为，无论是在理论逻辑上还是在现实实践中，这都是不可达到的目标。

1997年，我出版了一部专著《何去何从——当代中国的国有企业问题》。该书围绕核心论点“国有企业是特殊企业”，全面系统地阐述了国有企业的特殊性质以及在改革中须正确认识和解决的一系列现实问题。当时我的认识还比较简单，认为国有企业必然是一种被赋予一定特殊使命的企业，否则就没有必要一定坚持国家所有。在中国内地，国有企业的使命或主要作用至少是：第一，弥补市场缺陷；第二，发展战略性民族产业；第三，作为公有制的实现形式之一，体现公有制经济的决定性力量。前两个作用体现了市场经济的共性，后一个作用则体现了社会主义市场经济的特性。我在该书中详尽分析了中国国有企业的产业分布，为国企“三年脱困”之后的进一步改革提供了重要参考意见。由于该书具有深入浅出的写作风格，受到很多读者欢迎，多次再版，成为畅销书。很多人与我相知、相识都是从这本书开始的。此后，我又陆续发表了多篇论文和出版了多部专著。其中，《论国有企业是特殊企业》（论文）、《国企改革在理论与实践的艰难探索中前进》（论文）、《何去何从——当代中国的国有企业问题》（专著）、《国有企业的历史使命》（论文）、《中国国有企业改革和发展研究》（专著）、《新型国有企业现象的初步研究》（论文）、《中国国有企业发展道路》（专著）等，先后获得了多项重要奖项。迄今为止，国有企业改革已走过了30多年的探索历史，情况已变得非常复杂，但我仍然坚定地认为，“国有企业是特殊企业”这一理论必然成为国有企业改革和发展的理论基础之一。

在应对2008年的国际金融危机中，可以清晰地看到，在西方市场经济国家中，国有企业也是被作为一种特殊企业，在特殊时期发挥特殊作用的。而随着中国社会主义市场经济体制的不断完善和成熟，国有企业也终将被定位于特殊企业的地位，并在经济制度和法律制度以及政策体系中得到正式确立。

由于在国有企业改革和发展方面的研究成果所产生的社会影响，我经常受邀参加政府国有企业主管机构的有关咨询和座谈会议，提供相关研究报告，给政府及国有企业高管授课，也算是对中国国有企业改革和发展有一些实际贡献。值得一提的是，2014年8月21日，我应约在《人民日报》发表了《国企高管究竟该拿多少钱》一文，对国有企业薪酬制度改革产生了直接影响。当时，国家有关部门正在制定国企改革方案，如何确定国有企业高管的薪酬是一个争议很大的问题。《人民日报》理论部与我进行讨论，并专门约我写一篇关于国有企业薪酬的理论文章，澄清一些认识，特别是希望能明确回答国企高管究竟该拿多少钱的问题。我按照对国有企业基本性质的认识，提出了国企高管薪酬制度的基本原则和框架。该文基本逻辑是：讨论国企高管究竟该拿多少钱，首先要明确国有企业的性质。设立企业的目的是实现所有者的意愿。如果说一般企业是以利润最大化为目的，那么，设立国有企业的目的就是实现国家意志、全民利益。所以，国有企业的各种制度包括负责人薪酬都必须体现这一性质。

中国的具体国情是国有企业数量多，类型复杂，需要分类制定有关体制和政策。如果进行粗线条分类，可以将国企高管分为国家雇员和企业雇员两大类。原则上，国家雇员的薪酬体制体现“准公务员”规则逻辑（大体适用于作为“中管”或“省管”高级干部的国有企业高管），企业雇员体现市场化的职业经理人规则逻辑。前者应实行类似国家公务员的考核要求，以弱刺激、稳定性、透明性和长期保障为特点；同时也要适应市场竞争的要求，即报酬中还应包含承担经营风险的收益，这有助于吸引优秀企业经营人才。后者可以与一般企业的薪酬制度相同，更多地体现市场竞争原则，即薪酬与效益直接挂钩。

按照企业薪酬制度的一般原理：层级较低责任面较窄的岗位，应实行较强的直接刺激性的报酬制度，例如计件工资、效益提成等；而层级高责任面宽的岗位，则实行较弱的直接刺激性的报酬制度，固定月薪、年薪等。当然在总体上，层级较高的薪酬水平可以高于层级较低的，它的激励机制相对更具有长期性。当然，业绩贡献突出的层级较低岗位负责人也可以获得高于高级管理人员的报酬（这种情况在国有企业中并不少见）。

据此，我国国企高管的薪酬水平和结构特征应是：体面薪酬、综合激励、公平标杆。所谓“体面薪酬”是，国企高管的薪酬应能体现其社会地位，保证其本人和家庭可以享有衣食无忧的生活，使其能够无后顾之忧地专心经营企业。所谓“综合激励”是，国家对国企高管的激励不仅体现在经济报酬上，还体现在奖励贡献、长期保障和给予更大职业发展空间上。所谓“公平标杆”是，国企高管薪酬体系应体现国家对于“收入公平”的意愿。

公务员和国企负责人的工资，是国家可以直接调控的领域，薪酬制度直观显示公权力对于什么是“公平工资”的理解。可以说，这是国家向社会展示的收入分配公平性的导向性样板，是国家意志的直接表现之一。如果在这方面无法充分展示出分配公平，怎么能期望实现全社会的收入分配公平？

因此，国企高管工资水平不应以私营企业尤其是国外私营企业为参照，而应以较高层级国家公务员薪酬水平为参照，必须体现其所有者的国家意志，这是国企对促进社会公平所承担的责任和贡献。当然，有些高度竞争性的国企高管薪酬可以实行高度市场化的薪酬机制，但典型的国企尤其是央企高管，即使同国家行政级别脱钩（实际上是难以完全做到的），也需要实行国家认定的国家雇员级别制度。

这样，我们就可以大体回答国企高管究竟该拿多少钱的问题了。如果是国家雇员，那么，原则上以较高级别的国家公务员薪酬为基本参照，加上体现经营业绩和风险报酬的激励性报酬，优秀的、创造了突出业绩的国企高管还可以拿到比国家公务员更高的报酬。如果是企业雇员，那么，其薪酬同企业效益直接挂钩，可以拿到与非国有企业同类高管收入水平相当的报酬。

该文的观点得到了有关领导部门和决策机构的认同和采纳，此后所实行的关于国有企业高层管理者的薪酬制度安排同我的思路基本一致。当然，国有企业高层管理者薪酬制度的具体安排不可能一成不变，而必然是与时俱进的。2008年之后所实行的具体薪酬规定，包括具有“限薪”性质的政策规定，未必十分完善。但是，对国有企业高层管理者实行有别于一般私营企业的工薪制度，体现国有企业是特殊企业的性质，则是必然的。

对于一般企业，经济学倾向于将其视为“黑匣子”，其内部完全自治，政府不管黑匣子内部的事情，只将企业作为一个自由经营的市场主体，只要不违反法律和市场规则（典型的规则是实行“负面清单”原则），即只要法律不禁止的企业皆可为。这样的原则也可以适用于国有企业吗？

国有企业的特殊性质决定了，它应该成为有充分活力的市场主体，但不可能成为如同一般私营（民营）企业那样的完全自主的“黑匣子”。即使理论上这样主张，在现实中也是做不到的。所以，国企改革所能做到或者应该达到的目标是在精巧的体制安排中实现恰当的政府（所有者）管控。

历经多年，中国国企改革取得了很大进展和成效，改革的方向似乎明确了，对相关理论问题大都取得了一定的共识，顶层设计也基本完成，至少都同意中央正式文件中关于国有企业改革的原则提法。但是，改革进程仍未达到令人满意的目标，继续推进改革仍然充满矛盾、困难和障碍。多年来，关于国企改革的“新提法”和“新对策”层出不穷，但实践中仍有种种困惑：身处错综复杂的关系之中，如何将原则性的改革方案落到实处？其实，国企改革无论如何千头万绪，理论表达无论如何深奥复杂（其实对国有企业改革的理论认识仍然是存在深刻的差异的，只是在改革政策的表述上取得一致意见），在实施改革的具体操作上，基本上都归结在一个“管”字上，即“谁管”“管谁”和“如何管”，这正是国有企业的特殊性所在。即国有企业既有独特的使命、功能和优势（否则就没有存在的必要），又必然具有与之直接相关的局限性，而局限性是否能够被弥补取决于管理能力和效果的高低。从一定意义上说，国有企业是需要有更优秀的管理者和更精致的管理方式来弥补其局限性，更有效发挥其独特优势的特殊企业。

在计划经济年代，国有企业（国营工厂）的人、财、物，产、供、销都是由体现了指令性计划的上级主管部门管控，企业实际上是政府的附属物，基本没有自主权。因此，国企改革从呼吁政府“松绑”开始，企业不断争取扩大经营管理自主权，直到明确了以“建立现代企业制度”为原则，彻底改变企业是政府附属物的状况。改革历程中多次调整管人、管事、管资产之间关系的处置方式，探索更有效的“谁管”规则：即投资、人事、经营、管理等各类决策应分别归谁管，也包括如果改制为国有控股公众公司（股票上市），那么上述各类事项谁有权管。“谁管”问题的实质就是：决策主体是谁，决策权力多大。

按此逻辑，各类企业体制的区别实质就最终体现为“管谁”制度，即决策人归谁管？即使实行约束决策人独断权的集体决策程序，也不改变这一实质。中国实行“党管干部”

的政治原则，因此在国有企业体制中首要的问题是党的组织部门管谁；其次，政府主管或监管机构（国资委）管谁；然后是，母公司管谁；以及不由党的组织部门和政府主管或监管机构（国资委）管理的其他层级管理人员怎么管。国有企业的最大问题或改革难题实际上就是“管谁”的制度未完善；而且，被管之“谁”（企业高管）的身份性质不甚明确（是国家干部、国家雇员、职业经理人还是企业雇员），因而规则逻辑含糊。而问题的要害恰恰在于：“管谁”的体制在很大程度上决定了企业行为的基本特征和业绩取向。

当明确了“谁管”和“管谁”之后，就要解决“如何管”的问题。对此，中共十八届五中全会通过的《中共中央关于制定国民经济和社会发展第十三个五年规划的建议》确定为：关于企业治理，要在企业分类的前提下，实行和完善现代企业制度。关于国家对企业的监管，实行“以管资本为主加强国有资产监管”的原则。关于投资决策，要“健全国有资本合理流动机制”。而在国企管理目标上，最终落脚于“更好地服务于国家战略目标”。可见，在经营目标上国有企业就是特殊的，所以其管理制度必然有相当大的特殊性。处于垄断地位的国有企业显然是目标和管理制度都具有特殊性。即使是完全竞争性的国有企业，其目标和管理也必然是特殊的。仅此一个特点就可以表明竞争性国有企业的特殊性：处于竞争状态的两个或多个国有企业的最高领导人是可以，而且往往是相互对调的。这对于一般企业是不可思议的，因为违背最基本的竞争规则。可见，国有企业即使参与市场经济，其实质含义也是有独特性的。

深化国企改革，不仅要说清理论、确定原则和进行顶层设计，更重要的是必须在实践中创造出适合国情的具体规则。如果说管理的实质是决策、执行和监督，那么，国企改革实际上就是要科学地安排各项决策权、执行权和监督权在各个管理层级之间的合理配置。国有企业是国家代表全民所设立的企业，从本质上说，国有企业体制就是一套以人民或国家为委托人，以国企高管为代理人的委托—代理制度。党和国家不可能对国有企业放任不管，国家管理机构也不可能放任不管，母公司对子公司更不可能放任不管。但是，管的结果也绝不应该是密不透风，捆绑手脚，使企业谨小慎微，丧失效率，而必须有助于“增强国有经济活力、控制力、影响力、抗风险能力”。所以，“‘管’字落实，恰到好处”，是对国企改革逻辑最简洁的理解。

“管”字落实，实际上就是权力、责任和利益落到实处，并且最终体现为国有企业的活力、竞争力和社会责任担当。因此，充分授权，分权到位，也是“管”字落到实处的重要体现。总之，国企改革：一方面要排除种种矛盾和障碍，突破利益樊篱，甚至要有“壮士断腕”的勇气；另一方面也要有精心安排的科学精神和实事求是的务实作风。归根结底，体制的精巧最终归于管控之恰当。

我的“国有企业是特殊企业”这一观点，虽然并未被国家明确地采纳为国有企业改革的原则表述，但现实可以清晰地表明，中国国有企业改革的实际作为，从未离开我的这一学术判断，我坚信，将来也必然如此。在白卫星（《经济学周报》副主编）撰写的《影响中国改革开放的40位经济学家》一文中写道："金碚（1950— ）长期从事工业经济研究，他主持编写的《中国工业发展报告》持续十多年，产生重大影响。他研究国有企业改革的理论和实践，深刻阐述了国企的特殊性质、在国民经济中的特殊地位和作用、主要优缺点和历史使命，提出了'国有企业是特殊企业'的代表性理论主张，在政府管理部门和国有企业中产生了很大影响。"当前，国有企业仍然在沿着"特殊企业"的路径，与时俱进地推进改革。

万变不离其宗，在市场经济中，国有企业是特殊的企业组织形式的性质总是会表现在：一方面，国有企业的职能和绩效必须体现在增进经营效率和效益的自身表现上，即必须增强自身活力和竞争力；另一方面，国有企业还必须实现其所有者——国家和人民——的意志和利益要求，完成国家和人民所赋予的使命。当前，国家和人民最大的意愿和利益要求就是要全面深化改革。因此，《中共中央关于全面深化改革若干重大问题的决定》指出："国有企业属于全民所有，是推进国家现代化、保障人民共同利益的重要力量。国有企业总体上已经同市场经济相融合，必须适应市场化、国际化新形势，以规范经营决策、资产保值增值、公平参与竞争、提高企业效率、增强企业活力、承担社会责任为重点，进一步深化国有企业改革。"

这有两层基本意思：第一，必须继续完成国有企业自身提高效率和增强活力的改革任务以适应新的竞争形势。第二，更有效地承担社会责任，即《中共中央关于全面深化改革若干重大问题的决定》所要求的，"国有资本投资运营要服务于国家战略目标”“国有资本加大对公益性企业的投入，在提供公共服务方面作出更大贡献”、提高向国家上缴利润比例等。如果前者叫“善自身”，那么后者就叫“善天下”。

也就是说，国有深化企业改革的目标定位必须与时俱进。迄今为止，尽管国有企业改革和发展确实取得了不容置疑的成就，但是，人民和社会仍然有很多不甚满意之处。原因就在于，人民和社会并不仅仅满足于国有企业的“独善自身”，即经营改善、收益增加、做大做强，而且要求国有企业必须“广善天下”。这包括：国有企业的存在，能使市场体系更开放、更竞争有序；使整个经济体系更有活力；使社会财富和收入的分配更公平；使政府和市场的关系更合理。总之，人民和社会要求国有企业能够更有助于“让一切劳动、知识、技术、管理、资本的活力竞相迸发，让一切创造社会财富的源泉充分涌流，让发展成果更多更公平惠及全体人民”。

随着改革的全面深入，我国的市场经济将更加公平，国家将保护各种所有制经济产权和合法利益，保证各种所有制经济依法平等使用生产要素、公开公平公正参与市场竞争、同等受到法律保护，依法监管各种所有制经济。因此，国有企业必须在改善市场运行秩序，特别是在促进“使市场在资源配置中起决定性作用”和“建设统一开放、竞争有序的市场体系”上发挥积极作用。而且要在发挥收入分配上的“公平标杆”功能，即国有企业应以自己的行为告诉人民和社会：什么是我们所追求的分配公平和共同富裕目标。这些都是考验国有企业的公有制优越性，证明“发挥国有经济主导作用”合理性和可行性的试金石。

为此，必须按中共十八届三中全会的要求，“推动国有企业完善现代企业制度”，并且要在“发展混合所有制经济”和组建国有资本运营公司等方面进行积极探索和制度创新。国有企业是现代企业群体中的重要组织形式之一，世界各国都有国有企业，而也都存在各种问题。其实，世界上没有十全十美的企业制度。国有企业有其独特的优点，也必然具有一定的弱点；其他类型的企业也是如此。所以，国有企业改革只有“进行时”没有“完成时”。中国建立现代企业制度的关键之一就是必须探索建立符合中国国情的现代国有企业制度，使之成为现代企业群体中符合现代企业制度基本原则和分工定位的有效组成部分。因此，国有企业改革不能只是停留于完成市场化和商业化的第一阶段途中而停滞不前，而必须坚定地走到实现或接近完善的和合意的现代国有企业制度的彼岸，将改革推向深入。这就是中国国有企业改革为什么必须与时俱进的根本原因。

因此，在全面深化改革的新时期，国有企业应有比在前40年的改革中所表现出的更强烈使命感，肩负起攻坚克难的历史重任，做拆除阻碍全面深化改革的思想障碍和利益樊篱的勇敢践行者。过去的40年，国有企业改革曾经有过“壮士断腕”的悲壮。在全面深化改革的新时期，国有企业改革更要与全面改革同步，与发展大势共命，与民意诉求一心。也许需要再来一次“壮士断腕”的决心和“啃硬骨头”的壮举。总之，服从全面深化改革的国家意志和人民意愿，是其基本性质所决定的“国企天职”！

肆

工业化与工业使命，
我的科研主战场

我早年的学术研究兴趣是发展经济学，1984—1986年就在南京大学开设了发展经济学课程。在中国人民大学攻读博士学位期间，也专注于经济发展问题研究，博士论文选题为《经济发展与宏观融资》。博士研究生毕业进入中国社会科学院工业经济研究所，很自然地转向了产业经济学研究，并特别关注中国工业化研究。工业化是当代中国经济发展的主题，也是工经所的主要科研领域，所以，产业（工业）经济学成为我的主要研究领域之一，研究成果获多项重要奖项。从1995年担任工经所副所长起，我就开始主持和组织研究所的科研人员集体编写中国社会科学院工业经济研究所的《中国工业发展报告》。1996年出版了第一本，此后每年编写出版，内容涵盖工经所的三大学科：产业经济学、区域经济学和企业管理。自此《中国工业发展报告》成为工经所最重要的代表性科研项目之一，产生重大影响，并多次获得中国社会科学院优秀成果奖。在主持这个项目中，我每年撰写报告的总论，并作为独立论文发表于《中国工业经济》期刊，直到2013年我卸任所长，交由新的所长继续负责。这促使我必须长期关注、跟踪和不断深入研究中国工业发展和工业化问题。

工业是中国改革开放最前沿、最大胆、最彻底的领域，是中国目前国际竞争力最强的产业，更是中国国际地位提高和话语权增强的现实基础。在经济发展的相当长一段时期内，工业几乎是中国唯一可以同发达国家比试的“法宝”。可以说，工业是中国的经济脊梁。中国工业化的过程远未完成，中国面临的所有重大经济、社会和民生问题，离开发达的工业都不可能解决，所以，中国必须坚定不移地继续走工业化的道路。有了发达的工业，才能解决中国的城市化、交通运输、国土整治、资源开发、水利工程、环境保护和国土治理，以至国家安全、民生福利等问题。所以，发展更为强大的工业，仍然是相当长一段时期内中国经济发展的中心内容。遗憾的是，同现实经济的状况相反，“工业经济学”在中国经济学界中却反倒表现式微，许多高校都撤销了工业经济专业。针对这一怪异现象，我组织中国社会科学院工业经济研究所的研究人员，完成了国内第一部以市场经济为背景的《新编工业经济学》，此专著在产业经济学界引起广泛关注，被认为具有重要的学科建设意义，长期被相关学科专业的研究生作为教材或重要参考书。

此外，我撰写的《产业组织经济学》《中国工业化经济分析》等专著和教科书出版后，成为高校广泛使用的教材和参考书，并获中国社会科学院优秀成果奖。专著《中国工业化的道路》（韩文），由韩国南海出版社出版（1998），在韩国学术界产生良好影响，尤其是一些关注中国经济的韩国学者多年后仍然跟我讨论该书中涉及的问题。21世纪以来，我还陆续出版了《国运制造——改天换地的中国工业化》《大国筋骨——中国工业化65年的历程与思考》《中国制造2025》《中国工业化的道路——奋进与包容》等专著。主编撰写了《全球竞争格局变化与中国产业发展》《全球产业演进与中国竞争优势》等专著，持续地研究中国工业化和产业发展问题。中国工业化和产业发展成为我长期学术研究的主要领域之一。

对于工业发展与中国工业化的研究，我不仅致力于现实过程的经验性分析，更感兴趣于进行理论的深度探索。从现象描述深入到对工业的使命与价值的研究，形成了一系列理论分析观点。我的研究视角是，认为在整体经济中，工业并不仅仅是一个普通的“部门”，而是具有全局意义的主要组成体。因此，科学认识工业的使命和价值，具有深刻的意义。经济进步的核心是技术进步，而技术总是通过工业活动而取得其存在形态，如果没有工业，任何技术都只能是幻想。技术进步表现为工业发展。更重要的是，工业化不仅是物质技术过程，还是人类文明进程。因此，研究工业发展实际上就是探寻工业的本源性和工业发展的价值实质。

工业是人类发展的翅膀。人类生存和繁衍最初依赖于自然界中可以直接获取的可用于消费的物质，例如植物、动物等。其居住地也是天然的或略经处置就可以遮风避雨的自然场所，例如洞穴、草棚等。以后人类逐渐学会了将原本不能用于消费的自然物转变为，即加工制造成可以消费的物品，这就产生了“工业”活动，并逐渐发展起加工制造业和建筑业。工业越发达，就越能使更多的物质转变为资源。在高度发达的工业体系中，所有的物质都可以成为资源，因此，从最终意义上说，所谓“资源”都是由工业所创造的。

工业对于人类最伟大的贡献是，她是科技创新的实现载体和必备工具。人类最伟大的科学发现、技术发明，以至人类任何杰出想象力的实现，都需要以工业为基础和手段。科技进步是工业的灵魂，工业是科技进步的躯体，绝大多数科技创新都表现为工业发展或者必须以工业发展为前提。迄今为止，以科学理性和科技进步为标志的工业化时代是人类发展最辉煌的阶段。工业是一切科学发明和创新想象得以实现的工具，也是大多数人生活水平提高的物质技术基础。自从有了近现代工业，人类创造性的伟大力量迸发出来，当然其中包括建设的创造性，也包括破坏的创造性。总之，工业化将人类发展的一切领域都彻底改观了。

工业化时代则创造大量的物质财富，使人类可以走出贫穷（尽管仍有未能消除的贫困现象），提高了大多数人的物质生活水平；工业化使人类可以生活在清洁的环境中，没有工业就不可能有大多数人的卫生生活条件，城市和乡村的较好卫生条件都是工业化的产物；工业化时代是人类历史迄今为止最安全、最清洁、人的平均寿命最长和健康状况最好的发展时期。

但是，工业化也有自己的“丛林”时代。血拼式的竞争、野蛮无序的增长、掠夺式的资源开采、无度的环境破坏，这些现象在大多数国家工业化的历史上都出现过。工业化走过的历史确实也往往是“劣迹斑斑”甚至“血迹斑斑”的。不过，这不是工业的本性。工业的本性是摆脱野蛮，走向文明。工业的科学理性主义所追求的不可能是丛林法则下的野蛮生活，而必然是符合人性的文明社会。工业发展走向更高文明阶段的直接表现就是：以持续创新和“革命”的方式实现经济社会发展过程。

迄今为止，中国崛起最大的“功臣”就是规模巨大的工业体系，工业显著地提高了国家的生产率和收入水平，积累了大量的外汇。工业最重要的作用之一是支撑科学发明和技术创新的实现，并从根本上决定着国家的创新能力。中国所面临的各项重大经济、社会和安全问题的解决都依赖于更加强大的工业能力。因此，在现阶段，中国最重要最迫切的战略任务之一仍然是继续强健工业筋骨。有了工业之筋骨，才能雄踞于世界大国之间，确保国家安全、民生福祉和民族昌盛，并且真正成为一个永远保持活力的创新型国家。

工业生产在人类发展上发挥着巨大的作用，工业是创造财富的工具，财富是创造幸福的工具，但工业生产及其所创造的物质财富本身并不是人类追求的价值实质。可以说，就其现实机制而言，工业发展所直接体现的是人类的工具理性，即以高效率的方式创造和积累物质财富。这种工具理性主义是必要的，但是它只是基于人们追求财富欲望的心理倾向，而不能保证这就是提高生活质量和提高幸福水平的真实价值。

人类发展中，大多数人生活水平的提高和消费须由物质产品来满足，没有物质产品或物质产品严重短缺就难以提高生活水平和幸福感；但是，物质财富满足生活水平提高特别是增强幸福感的效率是递减的。正因为这样，当物质财富越来越丰富后，人们的价值准则即价值优先次序也将发生重大变化，即从高度评价物质财富的价值优先性，到更加重视非物质因素的价值优先性，有学者称之为从物质主义价值观到后物质主义价值观的转变。人类是富于创造性的生命体，工业是人类实现其创造性价值的伟大工具。工业不仅具有寻“真”和求“美”的价值，而且也有为“善”的价值。所谓为善就是，工业之本质应是有利民生的经济活动。如果仅由工具理性所主导，工业活动既可能“作恶”也可能“为善”。而“为善”之表现则是以民生改善为目的，不仅提升大众的生活质量，而且为改善公共服务提供物质条件。工业之“为善”本性的张扬，体现为“以人为本”的价值取向。

工业具有的工具理性和价值理性的二重性，使得关于工业发展的认识往往成为最具争议性的经济话题之一。工业让物质变为资源，克服着资源的稀缺性，工业也大量消耗着资源，导致资源的日益枯竭；工业建设开拓了人类生存空间，工业的无度行为也破坏了生态环境；工业使人类延年益寿，工业也导致疾病怪症；工业创造了巨大的财富，工业也消灭了许多乐趣；工业创造了丰富的物质财富，工业也使很多物种濒临灭绝。因此，人们既赞赏工业，也诅咒工业。一边享受工业文明成果，一边责难工业带来困扰，而且，越是享受更多工业文明成果的人，越有可能激烈呼吁“去工业化”。

工业具有开源、增效、积财的工具效用，而其价值实质则是寻真、求美、为善。通过开发资源，提高效率，创造财富，工业成为推进人类物质文明进程的强大工具。而探寻世界奥秘，实现审美创意和创造民生成就则是工业价值的最终体现。因此，工业的基本特征就是技术创新，包括连续性（递增性）创新和颠覆性（革命性）创新，以此不断地寻真、求美、为善。

纵观历史，工业化的实质是人类文明进化现象，信息化将使工业化更透彻地展现其文明本性。工业化不仅仅是物质生产过程的技术进步，更不是人类对自然的掠夺，而是人类摆脱野蛮，走向现代文明的进步过程。但是，在工业化的早期，确实存在野蛮的掠夺性生产和对自然环境的肆意破坏的行为，因为，人类本身就是从野蛮中过来，表现为缺乏自律、为所欲为和不择手段。而文明的精神实质是自律，因此，高度信息条件下的工业文明自律精神，决定了工业技术路线和创新方向的绿色化和以人为本的行为取向，即大规模地运用科学技术将“废物”变为“资源”，制造成可以满足人的需要，不断提高人的物质福利水平的产品，并彰显其增进人类幸福的价值实质。

工业化时代不仅是迄今为止人类历史上最节约、最清洁、最安全的时代，是人类生命预期最长、身体最健康、享受物质和精神福利人数最多的时代，而且更是人类最聪慧和最富创新精神的时代。尤其是在人口极大增长，面临巨大的资源环境压力的条件下，建立发达的工业是实现资源节约、环境改善和提高生活质量的根本性技术条件和物质基础。当人类进入高度信息化的工业社会，工业化的文明本质，特别是绿色本性和幸福价值实质将得到全面的展现，反文明的野蛮行为终将无藏身之处。工业与信息化的深度融合将使中国走向工业文明的新境界。

伍

竞争力经济学，我带领的学术开拓

1992年是中国的“市场经济元年”，这一年中国正式宣布改革的方向是建立社会主义市场经济体制。我意识到，在市场经济中，竞争秩序和竞争力将成为一个核心问题。因此，我和我的科研团队就开始研究产业和企业竞争力问题。自那时起，我们不仅带领科研团队进行了竞争力经济学的开拓性研究，长期居全国领先地位，获得多项重要奖项，而且形成了一个理论应用于实际的研发体系和团队，在社会科学理论运用于实践上取得了一些成效。

1995—1997年，我主持承担完成了中国社会科学院重点课题“中国工业国际竞争力研究”，其总报告获得1999年度“孙冶方经济科学奖”。学术专著《中国工业国际竞争力——理论、方法和实证研究》获全国“五个一工程奖”。这些课题的成果完成和出版、获奖丝毫没有使我们有那种“大功告成”和如释重负的感觉。相反，在我们面前似乎摆着比开始着手研究时更多令人疑惑的问题、更多需要解开的“谜”。带着求解竞争力的性质和源泉的强烈愿望，我带领课题组继续对产业和企业竞争力问题进行追踪研究。2000年前后，我们对竞争力问题开始进行微观基础，也就是企业竞争力层面的思考。我们看到，当时中国市场竞争具有“血拼”色彩。“血拼”式竞争的积极意义在于对计划经济的彻底否定，实现了自主竞争。但这种竞争的代价太大，这些代价包括国家税收、土地资源、劳动者权益、环境成本等。因此如何用公平和有序的市场竞争来代替这种无限消耗资源的“血拼”竞争，进而真正培育起中国产业和企业的国际竞争力成为重要课题。2000年，我主持的“中国产业与企业国际竞争力研究”，又被列入中国社会科学院重大科研项目。该项研究对竞争力经济学的底层逻辑和结构体系进行了系统研究和深入探讨。经典的经济学所进行的研究和分析是以假定“企业同质”为基本逻辑前提的，即假定企业都是具有经济人理性的、精于计算的，并按微观经济学的原理和方法进行决策和行动。但竞争力研究的目的却是要解释“企业异质”，即为什么有些企业竞争力强，有些企业竞争力弱；或者，什么样的企业能够具有长久的竞争力，什么样的企业一定不会有竞争力。经济学理论体系是一个从抽象到具体，即逐步放松假设条件的逻辑框架。对竞争力可以不同的假设条件为前提，从不同层面进行分析和研究。经济学的各个分支学科都可以对竞争力研究做出贡献，但由于各分支学科的假设前提和分析工具不同，所以，所关注的影响竞争力的主要因素也有一定的区别。竞争力经济学的研究可以分为三个层次：竞争力理论经济学、竞争力应用经济学和竞争力研究。在抽象层次上的研究主要运用理论经济学的逻辑方法，而当进入较具体层次的研究领域，则越来越倾向于经济学和管理学的结合。可以说，该项研究的核心成果《竞争力经济学》专著奠定了竞争力研究的理论基础，受到同行专家的高度评价，正如时任中国社科院副院长陈佳贵评价的那样，“字字读来皆是血，十年辛苦不寻常”，著作中凝结了我们研究团队的辛劳和勤思。该著作先后获得“中国图书奖”和首届“中国出版政府奖”，以及中国社会科学院优秀科研成果追加奖。

历经多年，这一重大理论成果被逐步开发为一个可应用的项目和系列性科研成果及社会性交流平台。由于我兼任中国经营报社的领导职务，有条件组织工业经济研究所和中国经营报社两方面的资源，合作完成和发表了多项成果，包括出版《中国企业竞争力报告》和举办“中国经营报企业竞争力年会”等，均获得良好的社会反响。现在，由中国经营报社主办的中国企业竞争力年会和中国企业竞争力夏季峰会已经成为中国企业界的一个具有广泛影响的年度论坛。

我们的竞争力研究成果也受到新闻出版及传媒界的高度关注。2004年和2005年，我们与国家新闻出版总署合作进行报纸竞争力评估，并举办了全国第一届和第二届报业竞争力年会，取得很大的社会反响。我们的研究团队还接受国家新闻出版总署委托，研制《报纸评估指标体系》，奠定了报纸评估论证制度的理论基础和确定了技术可行性，并且在2003年全国报刊整顿工作的实际运用中取得良好效果，受到国家新闻出版总署领导和使用部门的高度评价。

中国竞争力研究成果还受到国际学术界的关注，我的个人专著*The International Competitiveness of Chinese Industry*（《中国工业的国际竞争力》）一书由外文出版社出版。

竞争力经济学研究是一个可以不断扩展领域的研究方向。现实中的工业活动受到各方面因素的制约和影响。其中资源和环境条件是一个极为重要的问题。我和我带领的研究团队，较早（自21世纪初）就开始了这方面的研究。其中资源环境管制与工业竞争力的关系，是我们重点研究的问题之一。

18—19世纪，西欧工业化所导致的资源环境问题就开始引起广泛的关注和批评。20世纪中期以来，随着工业化向全世界更多国家的扩展，自然资源的更大规模开采和利用，以及一些国家工业集中地区环境的过度破坏，人们越来越强烈地感觉到，资源环境与工业增长的矛盾日趋突出，要求节约资源和保护自然环境的呼声越来越强烈。

工业化的技术实质是对自然资源更高效率的开发利用。如果没有工业开发利用能力，所有的物质都不是“资源”；而随着工业开发利用能力的提高，其他物质包括今天的各种“废物”都可能成为重要资源。人类并不会走到资源枯竭的历史尽头。当然，在一定的工业技术水平条件下，在一定的历史时期，工业生产所必需的许多自然资源确实都是稀缺性的，而且，大规模的工业生产所产生的巨大需求，可能使某些自然资源的供应严重短缺，表现为其价格的大幅度上涨，以至使得经济和社会难以承受。所以，节约资源会成为对工业活动的特殊要求。

环境是工业发展的条件，同时也是工业改造的对象。工业以高效开发利用资源环境的方式，从根本上解决资源短缺和环境破坏现象。从人类发展的长过程看，工业化是在本质上解决资源环境问题的根本途径。几千年的人类历史已经证明，如果没有工业化，人类生存和居住的地球环境将不可避免地趋向恶化。所以，工业化绝不是导致资源环境恶化的罪魁祸首，而是人类摆脱资源约束和环境困境的必由之路。

资源开发利用是中国工业化的初始条件之一。巨大的人口规模和全球化规则的不彻底性产生了资源与环境的矛盾。如果不能平衡工业对资源和环境的积极贡献同消极影响之间的关系，在工业化过程中也会由于对资源的无度低效开发利用，以及对环境的掠夺性破坏，而导致严重的后果，甚至资源环境灾难。与发达工业国相比，中国工业的技术水平和资源利用效率水平还有相当大的差距，中国工业生产对资源的浪费和环境的污染仍然相当严重。正因为如此，加强政府的资源环境管制并提高管制有效性，仍然是现阶段中国工业化过程中的一个极为重要的问题，甚至是一个十分沉重的问题。

实行资源环境管制，必须高度重视管制方式及强度与产业及企业竞争力之间的关系。有效可行的资源环境管制方式，应既要确保节约资源、保护环境政策目标的实现，又要有助于产业和企业竞争力的长期提升，特别是要保持公平竞争规则下中国工业国际竞争力的不断增强；适度合理的管制强度，应既要对企业行为形成有效约束，又不能过分超越产业和企业竞争力现状所决定的最大限度承受能力，特别是要实现经济效率准则和社会效益准则的合理平衡。总之，科学认识和合理处理好资源环境管制与工业竞争力的关系，是我国现阶段经济和社会发展中的一个十分突出的重大战略问题，也是一个关系国家利益和国家安全的现实政策问题。

陆

我的传媒遭遇战，
我的另一半职业生涯

进入传媒领域和研究报业经济学，对我来说是一个“遭遇战”。1998年，工业经济研究所主办的《中国经营报》及其主办的子报《精品购物指南》陷入严重混乱。当时我是工业经济研究所副所长。1999年初，研究所党委受报社请求决定委派我以主办单位领导的身份担任《中国经营报》总编辑，后任社长。进入报社后，首先是扭转乱局，稳定局面，经多年努力，使《中国经营报》发展成全国财经类报纸的市场化经营领先者和全国最具影响力的财经类报纸之一，受到业界和国家新闻出版总署的高度评价，总署历任领导均来报社进行视察座谈，以示对《中国经营报》的肯定和支持。我也被聘为国家新闻出版总署报业管理专家顾问。同时，《中国经营报》的子报《精品购物指南》也发展成为全国都市消费类报纸的领先者。2005年，工业经济研究所主管的经济管理出版社也陷入经营困境，研究所党委又决定由我主持工作，对经济管理出版社进行整治，并改组了出版社领导班子。经济管理出版社新领导班子带领全社员工，解决了各种复杂问题，艰苦奋斗，实现了3年脱困目标，使经济管理出版社走上长期良性发展的道路。鉴于“两报一社”的良好运行态势和进一步发展的要求，2009年5月，中国社会科学院决定授权工业经济研究所组建中国经营传媒出版集团。

在治理报社，参与办报的过程中，我开始以经济学的视角观察和研究报业。2002年，我结合办报实践完成了国内第一部《报业经济学》理论专著，获中国社会科学院优秀成果奖并得到业界的高度评价。《报业经济学》曾被业界称为

"中国传媒经济学领域经得起时间检验的里程碑之作"[①]。《人民日报》前总编辑范敬宜在《光明日报》就我的《报业经济学》一书发表专论《一本书和一条路》，文中说："《报业经济学》是我国第一部以经济理论和方法，系统研究报纸产业运行和发展的专著，是我国报业经济学学科建设的一个重要成果，也是对建立和发展我国传媒经济学的一个理论贡献。""金碚将现代经济学的新成果、新方法运用于对报业经济学的研究和办报实践，而办报实践的成果又反过来丰富和印证了他的研究内容。这给我们一个重要的启示：在我国报业的发展越来越呈现出市场化、商品化、企业化趋势的情况下，为了应对机遇和挑战，报纸的决策层不仅需要杰出的新闻专家，而且需要杰出的经济专家。这在国外早有先例，凡是执掌重要报业集团的领袖人物，几乎都有从事经济研究、经济活动的经历，而中国则刚刚开始，或者还没有充分意识到这个问题。因此，金碚的贡献绝不仅仅是一本书，而是指出了一条通向成功的道路。"[②]

《报业经济学》提出：报业经济学是研究报纸的经济性质、生产、流通、消费以及报业运行的经济规律的专门经济学分支。报业经济学以经济学的基本理论、基本方法和分析工具，对报纸产业的经济关系和经济规律进行系统的研究。并且密切结合报业经营管理的具体实际，对报纸生产过程中的许多重要问题，例如编辑活动与经营活动的关系、内容版面和广告版面的关系、报纸定价和广告定价的原则、报业市

① 《今晚报》，2006年9月27日。

② 《光明日报》，2002年7月25日。

场的竞争关系等，进行经济学描述和分析。报业经济学将现代经济学的新成果和新方法（如信息不对称理论、博弈论、战略经济分析等）运用于报业研究，而且，也研究政府参与和管理报业的有关经济理论。该书的学术方法和内容对于新闻传播界具有新颖性，一直被许多高校新闻或传播专业的研究生作为专业参考书。多年来，常有新闻传播专业的教学研究人员来与我讨论该书所论述的有关问题。

2013年我卸任中国社会科学院工业经济研究所所长时，社科院党组任命我担任中国经营出版传媒集团总裁。这是一个极为独特的职务，名称为“集团”，其实集团自身没有任何人、财、物等办公条件，资金零预算、零支出，却管理着社科院（除研究生院之外）人数最多的部门，其主要职责是，确保下属的两家报社和一家出版社，平稳经营，“不要出事”。除了集团总裁之外，我一直担任中国经营报社社长。

很幸运的是，多年来，这三家单位在调整和发展中形成了得力的社领导班子，管理制度健全。我长期管理这三个单位，情况也比较了解，三家单位多年来运行平稳。更为重要的是，这三家100%国有的单位，却都有适合自身情况的体制机制，也都有充分的经营自主权，多年来逐步做到制度严密，管理规范，均达到“有序管理下的活力焕发”境界。

这两家报社和一家出版社，虽然性质均属于国有事业单位（经济管理出版社已转为企业性质），但并没有国家投资，完全是自负盈亏。员工均为市场招聘，没有“体制内”的编制身份（除经济管理出版社还有少数几位国家事业编制人员之外）。实践表明，即使是在高度政治敏感性的领域，实行市场化管理的体制，性质特殊的国有事业（企业）单位，也可以合规经营、有效管理和具有活力。其关键因素之一是，要形成良好的内部文化。一定程度上可以说“文化是制度之母”，企业管理无定式，没有什么固定管理模式可以适用于所有的企业管理，管理是高度创新性的，各单位必须以创新的和与时俱进的思维来进行有效管理。管理集团和下属的三个单位，可以说是我研究国有企业和管理国有企业的一个实践尝试。

从1999年初开始，我就一直在学术界和传媒界两个领域中跨业践行。这是两个思维方式有很大差别的领域。有机会在这两个领域中，从不同的视角，观察中国经济社会，研究其中的各种现实和理论问题，也是丰富人生的一种幸运。

柒

拓展国际交流空间，
我的“走出去”尝试

1993—1994年，我曾受福特基金会资助，作为中国公派学者去美国加州大学伯克利分校东亚经济研究所和中国研究中心进行客座研究。在美国期间我听了不少课程，参加了一些研讨会和社交活动，并与海外学者，包括来自我国台湾地区的学者进行学术交流，其中一些专家成为我长期联系的学界朋友。我夫人后来也来到美国陪同生活。这一经历使我第一次较深入地了解了西方国家和西方社会。一年多的留学时间虽然不是很长，但却是我人生经历中一次难得的经历，开拓了思维，扩大了眼界，跨越了东西方文化界限，终身受益。

回国后，我即为中国社会科学院工业经济研究所组织了一批中国企业家，由我带队赴美访问交流。这恐怕是全国较早的一次企业家出国“游学”。企业家们普遍反映受益匪浅，其中许多人都是第一次走出国门，同西方世界近距离接触。这种方式到21世纪后成为中国各地商学院普遍采取的一种教学培训形式。

随后，从1996年开始，我组织中国社会科学院的（各研究所）专家团队与意大利领土与环境部合作，进行环境生态保护方面的研究，特别是对“南水北调”工程进行了连续多年的调研，取得许多具有国际影响的成果。与此同时，我们同意大利领土与环境部、威尼斯大学、都灵理工大学等合作，开展了一个合作项目“生态环境管理高级研究班”，邀请各国专家在中国（北京）和意大利（威尼斯）两地授课，并每年分4批（每批40人左右），连续10年，共组织选派全国各地约1500名专家、政府官员及企业高层管理者赴意大利学习考察，取得良好的社会效果。

通过国际合作，我们在中国经济尚处于高速增长时期就前瞻性地引入了发达国家的生态环保理念。特别是促进了中国和意大利两国间的生态环境观念和生态管理思想交流。

从20世纪70年代末80年代初，中国实行对外开放政策以后，国门逐渐打开，引进资本、技术和管理的成效显现。到20世纪末，特别是进入21世纪，中国“走出去”越来越受到重视。其中，“中国故事”“中国表达”如何走出去，特别是中国媒体如何走出去，成为关注焦点之一，也是一个比较艰难的任务。

经过对传媒经济的研究发现，中国与西方国家的传播环境有很大的差别。中国媒体要“走出去”，必须具有适应于西方国家传媒环境的媒体形态，并且应着力于使中国表达进入西方国家的核心人群，才能有效发挥影响力。其中，能反映中国经济现实以及中国经济学界最新研究成果的学术杂志，往往可以更好地发挥重要的影响力和传播效果，是一种外国受众较容易接受的中国表达“走出去”的方式。因此，2006年，在中国社会科学院经济学部主任陈佳贵副院长的全力支持下，我整合工业经济研究所、经济管理出版社、中国经营报社以及社科院外各方面的社会资源，特别是得到《中国日报》原总编辑朱英璜先生等的鼎力相助，以及国家新闻出版总署领导的支持，组织创办了*China Economist*（中国经济学人）英文期刊。我们采取了完全创新的办刊模式和编辑流程，在较短时期内就达到了高水平、高质量的办刊目标（实现期刊内容和语言水平都达到高水平），引起英国《经济学家》（*The Economist*）杂志等外国传媒的高度关注。起先还遭到过他们的抗议（认为我们的刊名和封面设计侵犯了他们的专利权），经多次沟通后，得到他们的理解，双方友好和解。目前，*China Economist*已成为向国外读者传递中国经济学和管理学最新研究成果和信息的重要渠道之一。

《中国经济学人》杂志于2010年5月正式成为美国经济协会（American Economic Association，AEA）Econlit的成员单位。Econlit由美国经济协会（American Economic Association，AEA）发布，是世界上最重要的经济学文献参考来源，它提供了与经济学相关的广泛学科领域内的文献检索。《中国经济学人》也已经正式与EBSCO签订合同，加入了该公司的数据库。EBSCO是一个具有60多年历史的大型文献服务专业公司，提供期刊、文献定购及出版等服务，总部在美国并在19个国家设有分部。加入EBSCO，《中国经济学人》不仅能扩大影响，而且还能获得该公司每年给付的版权费。可以说，目前，《中国经济学人》已成为向国外读者传递中国经济学和管理学最新研究成果和信息的重要渠道，是中国社会科学“走出去”战略的有益探索。

以《中国经济学人》为平台，我组织开展了多方面的对外学术交流活动。其中，我与李钢博士共同主编的《中国道路——中国经济学家的思考与探索》《中国经济的崛起与前景——中国经济学家的思考与探索》《面对新挑战的中国经济——中国经济学家的思考与探索》等英文版图书，入选“经典中国国际出版工程”，并作为国家重点推介图书参加国际书展。我也应邀在2012年伦敦书展的专题论坛上做了发言，向国外读者介绍中国出版物和媒体走向世界的努力，希望世界更多地了解和理解中国。

捌

区域经济学，
我的科研“新大陆”

长期以来，在工业经济研究所的三大学科中，我的学术领域一直主要是产业经济学。2012年，由于所领导班子的调整，中国区域经济学会领导机构换届，我“客串”担任学会会长。自此以后，我转战区域经济学，将大量的精力投注于区域经济学的研究和组织工作。首先考虑创办中国区域经济学会学术会刊。在河南省社会科学院的支持下，由中国区域经济学会和河南省社会科学院共同主办了《区域经济评论》期刊，作为中国区域经济学会会刊。期刊编辑部的编辑和编务人员工作很努力，办刊成效显著，《区域经济评论》在短短几年中就成为中国区域经济学最具影响力的学术期刊。

中国区域经济学会已发展为具有广泛影响力的学术社团组织，各会员（团体会员和个人会员）踊跃参加学会的各种论坛和研讨会。学会成员单位还联合成立了多个专业委员会，实际上相当于各研究方向的学术研究和交流的协同组织。一些专业委员会发挥了很好的作用，活跃和丰富了中国区域经济学会的学术氛围，增强了学会的凝聚力，发挥了会员单位的积极性，使学会保持了学术创新精神。

从2016年起，我与范恒山、杨开忠、曹文炼、肖金成等五人就开始酝酿和倡议，由中国区域科学协会、中国区域经济学会、国家发改委国际合作中心发起，成立一个中国区域经济学的全国性交流平台，最后决定成立命名为“中国区域经济50人论坛”的组织。该论坛于2017年2月26日在北京钓鱼台国宾馆召开成立大会，并正式成立。“中国区域经济50人论坛”秘书处设在国家发改委国际合作中心，由专职和兼职的秘书处工作人员处理日常事务和论坛（包括总论坛年会和在全国各地举办的各种研讨会）的组织工作。

参与和关注区域经济学并进行深入研究之后，越来越深刻感觉到，区域经济学负有重要的使命。世界经济进入全球化新时代，工业化、信息化向深度推进，经济全球化的基础设施条件日趋完善，特别是现代信息技术的广泛运用，极大地改变了经济空间的区域格局。区域经济开放格局的深刻变化必然导致区域经济利益格局的变化。一些过去合理和有效的规则和政策，也可能由于形势的变化而变得不合时宜，贸易规则和竞争规则的改革势在必行。在规则变革过程中，处理好产业吸引和区域价值的关系是地方政府需要做出的重要政策抉择。各地区应正视和深入研究本地区的产业文化特质及其演化态势，确立符合自身特质的产业发展方向。同时，也要顺应现代产业发展和社会进步的大趋势，引导和实现区域文化的变革与演进。这将是一个累积性过程（专注性优势与连续性创新）与变革性过程（适应性转型与颠覆性创新）共同作用的区域经济可持续发展路径。

当人类终于认识到由工具理性驱动的产业发展必须具有明确而坚持的价值理性（目标）方向时，必然将绿色发展作为可行的道路和模式选择。一般来说，市场机制更倾向于工具主义理性，而政府作用所代表的主要是人类发展（社会和人民）的价值目标。中国各地区的发展正在进入一个需要深刻思考、认真权衡、周密规划、慎重抉择的新时期，必须通过深化改革，形成经济发展工具理性与价值目标的相容机制。区域经济学是触及经济活动的本真理性因素的最广泛、最直接和最深入的学科之一。进入新时代，区域经济学从其自身的研究领域和关注问题中向前推进、深入探索，将经济学反转的镜像端正过来，正视和直面经济发展现实。这就会顺理成章、水到渠成地将经济学引入对本真性问题和本真目的的研究领域，这实质上是将经济学所认知的使用价值和交换价值的二重性，置于统一的理论框架中，做出更符合实际和吻合人类发展本性的学术贡献。

这是经济学研究视角的根本性调整：使经济学的视野从“独眼”观世界变为“双眼”观世界。独眼所见只是一个平面的图像，而双眼所见才是一个立体的世界。区域经济学正在成为新时代的探路尖兵。因为，无论是在经济学的宏观领域还是微观领域，或者是在经济学的各分支学科中，区域经济学是触及经济活动的本真理性因素的最广泛、最直接和最深入的学科之一。

玖

关切本真价值，我的经济学新思维

我从2006年起，开始关注对科学发展观和经济发展新常态的深入研究。中国是世界上最大的发展中国家，可以为经济学家提供极为丰富的研究对象，我从20世纪80年代开始一直对发展经济学有浓厚的研究兴趣，发表了数十篇论文和专著。进入21世纪，我们看到并越来越深切感受到，中国在取得举世瞩目的经济发展成就的同时，也付出了很大代价，产生了许多问题和矛盾。此时，深刻反思得失和进一步探索中国经济发展的可行性和可持续道路成为必须深入研究的重大问题。2006年，我发表论文《科学发展观与经济增长方式转变》①。在中共十七大召开之前中国社会科学院承担的中央调研任务中，我担任了关于科学发展观调研课题组的执行负责人，撰写了调研报告《关于科学发展观的若干问题研究》上报中央，并代表中国社会科学院课题组向胡锦涛总书记主持的会议进行了汇报，受到中央的重视。

以2008年美国次贷危机引发的全球性金融危机为标志，世界经济进入了一个显著区别于以往的新时代，称之为“新常态”时期。2015年初，我发表了《中国经济发展新常态研究》长篇论文，并陆续发表了《经济发展新常态下的工业革命》《新常态下国有企业改革与发展的战略方向》《新常态下的区域经济发展战略思维》《我国区域经济发展空间格局的新态势》等论文。进而探讨了新时代、新常态的国际经济背景问题，2016年1月，发表了《论经济全球化3.0时代——兼论“一带一路”的互通观念》一文，系统论述了当代世界的经济关系格局和演化态势。

① 载《中国工业经济》，2006年第5期；《新华文摘》转载于2006年第15期。

与科学发展观和经济发展新常态直接相关的一个基本经济理论问题是公平与效率的关系。我从20世纪80年代就开始关注这一问题，并一向主张，“以公平促进效率，以效率实现公平”是比“效率优先，兼顾公平”更可取的政策取向。

改革开放以来，为了消除计划经济下效率低下和绝对平均主义的痼疾，我们接受和实行了“效率优先，兼顾公平”的政策理念和制度设计思路。尽管这具有一定的历史合理性，也确实取得了解放生产力和推动发展经济的明显成效，但是，这一政策取向毕竟具有很大缺陷和局限性。它不过是在特定历史条件下的一个急于求成的“次优选择”。我在1986年发表了《以公平促进效率，以效率实现公平》[①]一文，指出了这一政策取向可能导致的不良后果。当年论述的一些问题，在中国经济发展的进程中越来越突出地显现出来，表明了我当年基于深入理论研究和国际经验观察所做出的判断和提示的担忧是具有合理性和前瞻性的。

当经历了40年的改革开放，中国已经进入了市场经济发展的中程阶段，如果继续以这样的政策取向（“效率优先，兼顾公平”）来发展经济和处理社会关系，将导致难以克服的“不平衡、不协调和不可持续”的现象和社会矛盾。因为，这样的政策取向意味着默认了可以以牺牲公平的方式来提高效率，既然效率优先，那么，在实践中必然是公平居后，因而往往不惜采取各种可以获得“立竿见影”短期效果的歧视性政策，人为制造等级差别，扩大不平衡性。例如，将市场经济的竞争主体区分为“主导者”和“补充者”、受

① 《经济研究》，1986年第7期。

重点保护的和受限制的、可以获得特殊优惠待遇的和无权享受优惠政策的、严格监管的和放松监管的、受“重视”的和不受重视的，等等。

在这样的政策取向下，各类企业都觉得自己处于不公平的地位。国有企业抱怨不能采取非国有企业可以采取的一些竞争手段；非国有企业抱怨不能进入只能允许国有企业进入的领域；外资企业抱怨受到各种限制。大企业抱怨社会负担重和受管制严，小企业则抱怨在土地、资金等方面不能得到一视同仁的待遇。

一旦可以通过不公平的方式进行市场竞争和资源争夺，特别是如果这种不公平是体制和政策所造成时，企业就不再有心思和精力进行脚踏实地的技术创新，而必然将更大的精力投向争取优惠待遇和向政府“寻租”上。所以，从长期看，缺乏公平也必然丧失效率，因为它抑制了更多的微观经济主体的活力，扭曲了企业经营决策的方向。其实，当竞争不能公平进行时，要“兼顾公平”也是很困难的。所以，在我们取得巨大的经济成就的同时，人民的不公平感却越来越强烈了。

不仅在经济领域，而且在其他领域中采取“效率优先，兼顾公平”的政策取向，也导致了各种难以解决的矛盾。因此，当进入全面深化改革的新时期，政策取向必须逐渐向“以公平促进效率，以效率实现公平”的方向调整。我们看到，中共十八届三中全会通过的《中共中央关于全面深化改革若干重大问题的决定》中的一个重要表述是，“国家保护各种所有制经济产权和合法利益，保证各种所有制经济依法平等使用生产要素、公开公平公正参与市场竞争、同等受到法律保护，依法监管各种所有制经济。”其实，市场机制本身具有优胜劣汰的效应，无须政府人为强化。即政府不必“扶优扶强”，而是应该“扶弱助小”。改变强者和弱者实力相差悬殊的状况，让强者面对势均力敌的竞争者。这对强者和弱者，例如大中小企业，都有激励创新的积极作用，有助于整体竞争力的提升。

总之，尽管公平与效率确实具有复杂的关系，其中也可能存在某种程度的替代（trade off）现象（所谓“奥肯定律”）。特别是在短期，这种替代关系往往具有较强的可显示性，使人容易产生鱼和熊掌不可兼得的印象。其实，从长期看，效率与公平具有本质上的一致性。而且，社会主义主张公平正义，市场经济要求公平竞争，两者统一于“公平”，社会主义市场经济的实质要求构建“以公平促进效率，以效率实现公平”的体制机制。因此，无论是要弥补市场缺陷（包括可能导致过大的两极分化），还是要规范市场秩序（维护公平竞争、公平交易），政府的政策取向都必须是构建和培育公平与效率的一致性和互补性，而不是听任，甚至人为扩大公平与效率的替代性和对立性。

从2014年开始，我还申报承担了中国社会科学院创新工程的学部委员资助项目“公平与效率关系的理论与实践研究——经济发展新常态下的工业化进程”，进一步深入研究一系列相关的理论和现实问题。我先后发表了《深化改革基于市场经济共识》《关于改革机理逻辑一致性的若干问题》《改革红利与经济便利性》《改革要使生产生活便利化》

《改革要有新动力》《善心执法才是真诚尊法》等论文和理论文章，从体制机理上深入探讨改革动力与改革进程中的公平效率关系。

在关于民生、公平、生态环境等问题的研究和深入思考中，我做出了一个关于中国经济发展时代特征的学术性判断，即中国正在进入本真复兴时代①。我的基本思路是：人类社会发展到今天，正在遭遇新的挑战，走在需要理性抉择的路口上。为了应对人类发展所导致的环境和气候问题，世界各国越来越多的人认识到必须走低碳发展的道路，但也有人认为这个问题并不重要，或者不愿意为此付出努力。比如美国总统特朗普上任伊始就宣布美国要退出《巴黎气候变化协定》。尽管他有他自己的理由，认为美国签署《巴黎气候变化协定》，意味着限制传统产业，特别是石油、煤炭等化石能源产业的发展，将会减少600多万人的就业。但是，人类必须理性反思：经济社会发展到今天，要以怎样的新理念进行怎样的行为调整？这涉及人类发展的核心议题：第一，经济发展的本原性质，即为什么要发展经济？第二，怎样实现经济发展？以往的发展道路和模式可否持续？第三，人类发展到今天应该以怎样的新理念来应对当前和未来的严峻挑战？

在人类发展中，市场经济发挥了极为重要的作用，市场经济持续推动了经济增长和进步，没有任何一种其他的经济机制能够像市场经济那样，产生了如此广泛、持续而深远

① 首先在中国社会科学论坛(2017，经济)——低碳发展与生态康养旅游名城(广元)国际论坛（2017年6月13日）的演讲中提出。

的影响，极大地改变了人类社会的整个面貌。那么，市场经济是一种什么样的经济机制呢？它为什么能够强有力地推动各国的经济发展，特别是，市场经济为什么能够适应工业革命和世界工业化的要求呢？根本原因之一是，市场经济张扬工具理性。所谓工具理性就是，以高效率为中轴原理，追求“最优化”和“最大化”等工具性目标。其具体表现为：追求收入最大化、利润最大化、财富最大化。

正是在市场经济制度下人类发展所取得的巨大成就的时代，经济发展背离其本真性质的问题也越来越凸显。所以，人类发展需要进行第二次启蒙以实现其本真复兴。人类发展的本真复兴，实质上就是要在生产力高度发达的基础上实现工具理性与人类价值目标的契合。

人类发展的本真复兴，就是在市场经济高度发达的基础上，人类再次审视科学理性的根本价值目标，即人类从财富观的觉醒，升华为本真价值观的觉醒。让经济发展的道路、模式、理念，更自觉地体现其本真性，这就是现代市场经济必须经历的第二次启蒙运动的伟大使命，它将昭示人类发展的可持续增长前景和本真价值的真正复兴。人类如何才能现实地应对当前挑战和前瞻性地考虑世界的未来？经济科学对此应该做出积极贡献，肩负起推动经济发展本真复兴的历史使命。

进入21世纪的第二个十年，经济现代化的理性进程与真性复兴的关系日趋清晰。深入这方面的研究，我先后发表了若干篇论文。从思维逻辑上说，中国经济现代化以及人们对其规律的认识，就是围绕着“能不能”和“对不对”这两个基本问题的思考逻辑而不断演进的。中文的“真理”一词十分精巧，“真”和“理”，恰好将本书所涉及的真性与理性的概念融为一体，同时也可以区分“真”（真性）和“理”（理性）的不同含义。中国经济现代化大致沿着“朴素的物质主义”“亢奋的物质主义”“权衡的物质主义”“理性升华、真性引领”的路径和方向推进。我的研究和论述沿着这样的逻辑展开：

1. 以实物为目标：朴素的物质主义

世界各国的经济现代化大多数都是在市场经济制度下启动的。新中国成立之前，从经济运行的主导机理和经济制度的一般分类看，实行的是市场经济制度（如果加上“半殖民地半封建”的社会性质，也可以称为“半殖民地半封建市场经济”）。那个时代的中国，贫穷落后、天灾战乱、列强分食、民不聊生，共产党提出“打土豪，分田地”，赢得民心，赶走列强，推翻旧政府，“枪杆子里面出政权”，建立了新民主主义社会，并承诺人民“当家做主”，实现和平，消灭饥饿，国家强盛。新中国成立后，从分田到户到组织互助组、合作社，再到建立人民公社，实行工业“大跃进”，都是以达到一定的实物量为经济发展的主要目标。从恢复战后经济，到完成第一个五年计划的各项主要指标，使人们相信，只要“鼓足干劲，力争上游”，方向正确就可以实现预定的实物量指标，推动国民经济快速发展。从而产生了可以实行社会主义计划经济的“科学幻想”，关于社会性质也从“新民主主义”改变为“社会主义”，从而可以认定实行计划经济是“对”的。

以达到计划确定的实物量目标作为推进经济现代化的方式，无论方向目标“对不对”，都很容易接受计划经济的“科幻”思维，认为只要想得到就能做得到，忽视“能不能”的问题，也就是说，只有美好愿景，缺乏经济理性。当幻想的“赶超”目标不断拔高，“创造新社会”（建成社会主义）的雄心无限膨胀时，社会完全失去了理性。结果是，不仅无法实现幻想目标，而且使整个国家陷入可能“被开除球籍”的经济落后和结构破坏的境地，甚至连“吃饱饭”都成为无法确保实现的承诺。

尽管在“文化大革命”时期，一直深陷于“对不对”的僵化思维：“宁要社会主义的草，不要资本主义的苗”，但到了20世纪70年代末80年代初，面对严峻的经济形势，“对不对”的问题不得不暂时退居其次，而侧重于考虑“能不能”的问题，即能不能摆脱贫穷落后，给人民一个可以接受的基本生活条件。理性思维终于占据主导。当时提出和接受“实践是检验真理的唯一标准”的观点，理论层面上讨论的似乎是“对不对”的问题（何为“真理”，什么是“政治正确”？），要解决的却是“能不能”的问题。实质是在关于“对不对”的讨论或争议中解决“能不能”的问题，即走什么道路才能实现经济发展。在这一过程中，中国的务实精神与（马克思的理论表述所体现的）德国哲学的理性精神形成鲜明对照。我们确认“实践是检验真理的唯一标准”，将其作为政治原则，完全是从中国传统的务实精神来理解的，并不需要将其作为一个透彻理性深思的哲学命题来对待，就可以得到大多数中国人的赞同：按照中国人的务实逻辑，既然实践需要这样的思维，它当然就是正确的原则。不妨简单回忆一下那个年代的理论讨论和思维演变，每一次思想突破都是凭借感性观察就可以务实性地实现的：从“资本主义可以有计划”“社会主义也可以有市场”“摸着石头过河”“不论白猫黑猫，抓住老鼠就是好猫”“计划与市场都是手段”，直到最终确立“社会主义市场经济”。务实就是“实践”，就可以判断真理，这就是非常符合中国人思维方式的务实理性。这样，中国经济现代化的思维方式在务实精神中逐步实现理性化，中国经济发展也走上理性化的道路。可见，当年的“思想解放”，本质上就是解除对经济理性的束缚，思维方式的转变非常符合中国的务实精神，结果则是让经济理性得以张扬，极大地促进了中国工业化的加速推进过程。

当经济理性在务实的实践过程中占据主导，中国经济现代化走上市场经济的道路，经济运行的机理就开始发生根本性变化。自此往后，经济发展的实物目标（计划指标）就让位于对经济价值的无限追求。于是，实物产品的社会功能逐步蜕变为充当创造经济价值的手段，人们越来越关切经济价值而不是实物产品，特别是当经济理性推动的社会生产力所创造的实物产品越来越丰富时（物质产品产量越大，其边际效用越是递减），对于经济价值的关切更加占据压倒性的优势，朴素的物质主义成为历史。这就是市场经济的逻辑。

2. 转向市场经济：亢奋的物质主义

1978年中国开始改革开放，经济现代化的方向和道路转变为实行市场经济。为经济发展注入经济理性，启动经济现代化快速推进的进程，这是几乎所有国家——除了少数拥有特殊资源的国家——经济现代化的共同道路。在传统社会中，一旦注入经济理性，就会改变传统社会的财富观，[①]承认追求财富的正当性，允许劳动致富，企业以利润最大化为目标，并以"GDP"的高速增长作为经济现代化的压倒性核心指标。尽管以GDP为衡量经济发展成就的指标具有众所周知的缺陷，但是，经济现代化的工业化时期，没有更好的指标来代替GDP，这在很大程度上是由市场经济的理性特征所决定的。

那么，在市场经济中，所谓经济理性具有什么性质？它具体体现在哪里？首先体现在社会最基层，即相信每一个微观经济主体（个人和企业）的行为都是理性的，认为他们的行为都会以追求自己利益为目标。只要允许他们按理性自主行事，经济发展就有了强大动力。因此，收入增加、财富涌流、GDP的高速增长，都是经济理性张扬的自然结果。只要对微观经济主体"松绑""放权""独立核算，自负盈亏"，就可以启动和加速国家工业化进程，为经济现代化奠定基础。正是按此逻辑，经过短短30多年，拥有十几亿人口的极大经济体中国就从一个贫穷落后的国家，发展为GDP总量居世界第二位的经济大国。如果按PPP（购买力平价）计

① 大多数国家或民族（各种宗教的原教旨教义）的传统观念都认为，追求物质财富是不高尚的，甚至是不道德、不正当的。

算，即所生产的实物总量，中国已经是世界第一。经济理性展现了巨大的能量！

经济理性并非抽象人性，而是具有显著的商域文化特质[1]。中国人的经济理性具有其显著特色，务实的工具主义倾向特别强烈。市场经济为什么能有如此强大的力量，其根本在于市场机制的理性具有工具理性的性质，即人们所追求的理性目标实际上是工具性目标，例如收入、财富、GDP等，而本真目标，即“使用价值”，反倒成为追逐工具性目标的手段。换句话说，市场经济的经济理性，是以“目的”与“手段”反转为特征的。在市场经济制度下，追求工具目标的动力越强，经济增长的能量就越大。中国人是世界上最勤劳，并且储蓄率特别高的民族。强烈的勤劳刻苦和财富积累意识，支撑了中国经济奇迹般的高速增长，使中国人很快从“穷人”的代名词，几乎已经变为“有钱”的代名词。

当中国接受了市场经济思维，不必考虑“对不对”，“不要争论”何为政治正确，一心向着如何解决“能不能”的问题。而且，“能不能”的目标是高度工具化的：赚钱、创收、财富、GDP，这些都是经济发展成就的标志。不过，实物性目标成为创造和追逐工具性目标的手段，尽管经济增长非常强劲，但实体经济层面的问题也很快暴露出来。进入21世纪的第一个十年，就开始感受到了“不协调、不平衡、不可持续”的突出矛盾，因而提出了要有“科学发展观”的主张。这实际上是已经看到了亢奋的物质主义，饥不择食地

① 商域是指具有一定价值文化特征和特定制度形态规则的商业活动区域或领域。

追逐物质财富，而且是其交换价值形态——货币，而对于难以用货币计量的有用之物，也可弃之不顾，或视而不见。这严重忽视了经济发展的本真价值，具有明显的盲目性。提出“科学发展观”，实际上是已经认识到市场经济的粗浅理性化具有很大局限性，必须转向深度理性化。

中国经济现代化转向市场经济道路，是一次非常伟大的进步；接受市场经济思维，是一次伟大的思想解放。二十世纪七八十年代，中国经济现代化进程注入经济理性，具有义无反顾的性质。也许正因为这样，中国对于市场经济的透彻理性思考是很缺乏的，所以，在不长时间内就发现了粗浅的理性张扬，存在可能导向背离人类发展本真价值的严重缺陷。

3. 理性化的本真复兴：权衡的物质主义

到21世纪第二个十年，当中国经济现代化在“能不能”的问题上取得无可否认的巨大成就，而且经济规模继续快速扩张时，“对不对”的问题越来越凸显。人们不得不深刻反思：中国究竟要追求怎样的经济发展目标？人类发展的真正价值是什么？中国经济现代化走到了一个新的历史阶段：经济发展从高速度增长转向高质量发展，社会主要矛盾从人民日益增长的物质文化需要同落后的社会生产力之间的矛盾，转变为人民日益增长的美好生活需要和不平衡不充分的发展之间的矛盾。总之，在摆脱困扰了中华民族200年的“落后”魔咒之后，中国经济现代化转向“科学发展”“高质量发展”与“美好生活”的目标。

此时，工具主义的经济理性占主导地位的经济现代化模式表现出了其局限性，人类发展的本真价值和本真目标并非都能够通过工具理性所推动的经济增长就可以达到。甚至，不受约束、为所欲为的经济理性，可能导致与本真价值目标的背道而驰，例如，出现环境破坏、气候变异、贫富极化、行为腐败等问题。从经济学的基础理论上说，就是在市场经济的工具理性主导下，商品二重性中的交换价值成为唯一目标，而使用价值反而居于无关紧要的地位，有外国经济学家称之为“交换价值为主人，使用价值是奴隶”。我们今天看到的食品及药品安全问题、环境严重污染、各种资产的金融化狂“炒”现象、社会道德的自私化（不要忘记：工具理性的基本假定就是人性自私）等，就是工具主义的经济理性所难以解决的，实际上就是“理性”导致的“非理性”，经济学家称之为“理性的非理性”或者“非理性的理性”。这些问题和矛盾的出现，并非理性的过度，而恰恰表明中国经济现代化的理性化过程还非常不充分，还处于“粗浅”理性阶段（“不平衡不充分的发展”），即经济理性化程度尚表现为缺乏“自律”的低度文明状态。从强制性约束到自我约束，是理性从“粗浅”走向成熟阶段的标志，而自律的社会道德的形成，正体现了经济现代化的本真复兴。

当前，中国的经济现代化正处于能否实现本真复兴的重要历史关头。所谓本真复兴，就是要实现使用价值与交换价值的“平权”，工具理性与本真价值的协同，表现为经济现代化进程中目标的多维性，以及多维目标之间的权衡。我称之为“权衡的物质主义”时代。之所以还是“物质主义”，是因为中国仍然是发展中国家，处于工业化中后期，发展经济仍然是“第一要务”，如果没有经济发展的支撑，其他社会问题都没有解决的基础和条件。经济这个“工具”仍然责任重大，“金钱”仍然非常重要，尽管它并不是人类的本真目标。

进入这样的新时代，经济发展的动能将发生实质性的变化。同高速度增长时期的经济动能相比，高质量发展时期的经济动能应更具有“方向自觉性”，即不仅要关切“能不能”推动经济增长，而且要关切推动经济发展的方式“对不对”。也就是说，经济现代化不仅是理性化过程，也是真性化过程，所谓“真性化”，就是向着人类发展本真价值的目标演进，今天的经济增长必须有利于长期可持续发展。

深刻的挑战在于：也许我们知道如何做才是“对的”（什么是本真价值），但要做“对”却可能也是最难的。要完成很“对”但很难的事业，考验人类的智慧和创新能力：如何让“理性”与“真性”相辅相成，协同张扬？应该说，当进入经济现代化的深入推进阶段，限制理性张扬的障碍大多已被突破，而如何克服实现真性价值的障碍，尤其是如何以理性方式实现真性目标，会成为更大挑战。因为，真性目标并不体现为货币，也就是说，并非只要“金钱”就能实现经济现代化的真性目标。因此，我们需要深刻理解经济现代化的真正的历史逻辑。

4. 理性、文化、制度互动交融的文明过程

经济现代化在历史长河的某一时期开始启动，其推动力基于经济理性的“觉醒”。在此之前，神秘主义、蒙昧思

想、神权、王权等，压抑了基于个人权利和科学思考的理性思维。因此，经济现代化的前提是思想解放，即让经济理性得以张扬，并由其主导，经济发展才能走上理性化的道路，这是各国经济现代化的共性。中国经济现代化，经历了两次思想解放运动，第一次是新中国成立，第二次是改革开放。第一次思想解放是朴素理性的觉醒，即物质观的觉醒；第二次思想解放是工具理性的觉醒，即财富观的觉醒。

问题的深刻性在于：经济理性的觉醒并不是在一个“空盒子”般的空间条件中发生，而是在一个经历了漫长历史的社会环境中发生的。它绝不可能以纯粹的形态出现，而必然是在一定的社会环境中以“变形”的具体状态出现。经济理性体现为每一个人的所思、所言、所行中，而人的所思、所言、所行总是受一定的价值观和文化环境所决定和影响的，也就是说，“人的本质并不是单个人固有的抽象物。在其现实性上，它是一切社会关系的总和。”①在这一点上，人的行为无论是理性还是不理性，都是这样。人性不可能离开社会的价值文化环境而作为赤裸裸的“理性”人而存在。所以，经济现代化，尽管是经济理性化的过程，同时也是文明化的过程，所谓文明化，则是经济理性、价值文化和制度形态相互交融的复杂社会过程和心理过程。

经济现代化进程中，既有的价值文化环境和制度形态，能否产生革命性的变化，以适应经济理性张扬的要求，是第一个关键问题。因此，经济现代化的启动，通常有赖于某种

① ［德］马克思：《关于费尔巴哈的提纲》，《马克思恩格斯选集》（第一卷），人民出版社，1972，第18页。

"革命"：社会革命、文化革命、宗教革命，甚至战争。但是，所有的革命都不可能为经济理性的张扬创造一片理想"净土"，任由经济理性天马行空。而是以极为顽强的方式，紧紧纠缠着经济理性，影响着经济理性的作用方向。

这样说，并不意味着经济理性就是绝对积极的力量，而文化和制度因素就是消极的因素。相反，经济理性也绝非神力无边，绝对的经济理性是无法存在的，一定的价值文化和制度环境，是经济理性得以存在的必要条件。也就是说，在现实中，经济理性、价值文化与制度形态总是同时存在，三位一体，无法分离的。这才可以理解，为什么现实的人是"一切社会关系的总和"，为什么经济现代化是一个经济理性、价值文化、制度形态的互动交融的文明过程，而绝不仅仅是一个可以由经济理性独自决定的物质技术（资源配置）优化过程。

5. 深度现代化：理性升华，真性引领

改革开放40年，中国经济现代化进程中，理性虽然得以张扬，但整个社会的经济理性化过程还远未完成，尚处于"粗浅"阶段，文明进程的强制性规则尚未理性化地成为自律性行为，而且许多强制性规则本身还未达到较完美成熟的理性化程度，改革还远未完成，而此时，经济现代化的真性化要求却已成为紧迫问题。中国经济现代化进入了各方特别"纠缠"的时代。

中国的经济现代化向纵深推进，面临的挑战是严峻的，新时代肩负着艰巨的历史使命。所谓"纵深推进"，不仅是

经济效率（资源优化）的继续提高，而且是价值观和社会文化的现代化，以及制度形态的现代化，而所有这一切都必然是具有“中国特色”的。实际上每一个国家都有自己的特色，没有“特色”的国家是不存在的。因为，即使（抽象的）经济理性可以一元化，但价值文化和制度形态必然是多元性的。就如同生物世界的进化，竞争和进化的结果绝不是趋向于一元性的“最优化”，而是越来越多样化的世界。当我们饥饿时，最需要食物；贫穷时最需要钱；国家落后时最需要GDP。而当我们不再落后时需要什么？需要美好生活，需要幸福，需要发挥人的潜能，需要马克思所预言的“自由人联合体”。这是人类发展的深度理性，也就是真性（本真）价值。

人类的需要是多样性的，美好生活的目标是多维的。今天所面临的挑战是，我们没有实践过，因而并不知道如何才能实现这样的人类发展目标。我们知道需要理性，也越来越懂得对真性的关切，十多年前就提出了“科学发展”的要求。但是，探索经济现代化未来的道路仍然充满许多困惑。改革开放将处于一个又一个十字路口。本真价值应能驾驭经济现代化的纵深推进方向，而经济理性仍然是不可或缺的有效工具。如何形成更具方向自觉性的新动能，以推动经济现代化进程，是新时代的艰巨使命。

方向自觉性，取决于价值观和文化取向，也需要一定的制度安排来规范行为，维护社会秩序。改革开放的前40年，奋斗目标相对单一，牵住“牛鼻子”就可以带动全局。而今天，在目标多元下进行选择，很难做到符合“帕累托改善”

的要求。方向自觉性，不仅体现在目标选择的自觉性，在工具性目标和本真目标的权衡上达到优化；而且体现在手段选择的自觉性，不能以损害本真价值的方式“不择手段”地来达到目的（往往是工具目的）。方向自觉性是对经济现代化新动能的一个非常高的要求，是新旧动能转换中的一个关键因素。实际上就是要达到理性与真性的统一。实现中国经济现代化深度推进使命的根本路径就是不断创新，而且要实现高度原创性的创新。

因此，新时代必须为创新提供和创造更适合的环境，价值取向和制度安排都要以有利于创新为准则。客观地说，中华民族是一个勤劳、刻苦的民族，但不是一个具有强烈创新取向（特别是原创性创新）的民族，我们的“求同”意识远远强于“求异”意识。我们的思维定式往往是“别人能做我也可以做”，而不是“别人这样做我就那样想，那样做”。我们更倾向于宁可承受赌的风险（如凯恩斯所说，市场经济机制本身就类似于彩票），也很不愿意承受创新风险，特别是长期性创新风险。这就会限制创新的想象力，特别是核心技术创新的想象力，而新时代恰恰是一个特别需要发挥想象力的时代。我们真正缺乏的不是人才，而是让人才发挥能力，特别是发挥想象力的文化环境和制度安排。问题的深刻性在于：许多人可能都认识到了这一点，而要改变它却发现困难极大。因为我们正处于长期形成的价值文化环境和制度安排的现实之中，而要改变这一切，所要克服的传统“惯性”如此巨大，几乎就如同是要拽着自己的头发把自己拎离地面，举上天空！

可见，由于经济现代化是经济理性、价值文化、制度形态互动交融的文明过程，理性的张扬并不能替代真性的实现，也就是说，经济现代化进程中的理性化进程必须达到能够同真性复兴相容，有效推进真性目标的实现，即走向“求真”之路，才是人类发展真正的理性体现。

经济理性过度的工具理性倾向，是经济现代化的理性尚处“粗浅”的低级阶段的突出表现之一，工具理性是浅层化的理性。中国经济现代化的深度推进，需要将强烈的工具主义倾向导入更有效的实现真性目标的轨道，实际上就是进入了深层理性化的经济现代化进程。经济现代化的深层理性化应更倾向于降低市场的交易成本和社会管理的制度成本，提高营商便利性和行政管理效率。制度改革应导向于使资源配置更有助于能够提高人的素质，而且，制度的效率目标应与价值导向目标相协调。不能再以过高的价值文化代价（伦理素质代价）来获取强制性经济增长的短期成效。逐步改变过度的市场经济工具理性与中国文化的务实精神相互强化，因缺乏价值文化的本真价值引领（和制约），而使制度安排的激励机制失去平衡性，导致经济现代化出现价值伦理的“劣币驱逐良币”现象。

由于经济理性的极端化是假定人人都是自私的经济人，在经济理性的“粗浅”阶段，人们可能会视其为“天经地义”的人性取向，即凡是正常的人都是利己自私的。其实，如果经济现代化真的是走向人人自私的方向，就必然走向堕落，根本不可能实现现代化。道理非常简单：在现实中，没有人会认为或承认自己是自私的经济人，也没有人和经济组织会愿意同自私的经济人合作，所以，如果真有自私经济人，他在现实中是无法生存的，可以说，真正的经济人只可能存在文学作品中，而难以在现实中存在。如英国经济学家约翰·凯伊所指出的："总体来说，极度贪婪的个人长期来看不会成功，因为在复杂的现代经济中，成功需要与他人的合作。最优秀的商业领袖比起金钱更关心事业。"[①]因此，经济现代化向深度推进，其理性化的方向是社会文明化程度的不断提高，制度的完善化显著增强，尤其是要从根本上改变工具理性过度张扬可能发生的价值伦理的"劣币驱逐良币"现象。

即使是从经济理性的角度来思考，超越物质主义的个人理性，形成社会合作的道德环境也是符合深度理性的逻辑的。英国经济学家约翰·凯伊说："卢梭（18世纪法国伟大的启蒙思想家）认识到，自利的个人未必会参加合作——即使这类合作能让每个人都过得更好。要求社会制度强制实施合作，是一种经济上的需要。""现代经济需要——而且能获得——更多的合作，这种程度是'强制执行'或是'互惠关系'无法解释的。即使我们并不期盼着别人在未来对我们的帮助，我们也愿意帮助别人。如果碰上陌生人问路，我们通常会告诉他们。而且，我们期盼自己日后向另一个陌生人问路时，对方也会做出同样的举动。""这种行为并不是理性的——如果理性指的是'自利的物质主义行为'。但是，这种行为却具有适应性：人们能够对陌生人伸出援手的社

① ［英］约翰·凯伊：《市场的真相：为什么有些国家富有，其他国家却贫穷？》，叶硕译，上海译文出版社，2018，第14页。

会，不但更美好，而且会更加繁荣。”①

可见，经济现代化的理性化进程，需要不断深化，并形成更符合人类本真价值的社会文化和制度形态，实现个体理性与社会合作的良性互动。因此，理性升华，真性引领，是中国经济现代化深度推进的正确方向。经济现代化本质上是人的现代化，向着更能体现真性的人类深层理性的方向提升文明水平，人类才能成为这个地球上能够持续存在、繁衍和繁荣的物种，而不至于因自己“劣币驱逐良币”的非理性行为而被淘汰（开除球籍）。总之，中国经济现代化正在进入新阶段，从浅层（粗浅）理性化转向深层（深度）理性化方向推进。前者的基本特征是“务实”，而后者的基本特征则是“求真”。从“务实”走向“求真”，是中国经济现代化的化蝶升腾之道。

① ［英］约翰·凯伊：《市场的真相：为什么有些国家富有，其他国家却贫穷？》，叶硕译，上海译文出版社，2018，第294-295页。

拾

全球化与新时代，我的新视野

工业化与经济全球化有着与生俱来的密切联系。在研究工业化过程中，经济国际化与全球化是我长期关注和研究的问题，我曾主持完成了多项研究课题。2013年完成了《全球竞争格局变化与中国产业发展》[①]。2014年完成了《全球产业演进与中国竞争优势》[②]。

在多年研究的基础上，我在《中国工业经济》2016年第1期发表了《论经济全球化3.0时代——兼论“一带一路”的互通观念》一文[③]。文章的基本观点是：当前，世界正在兴起第三次经济全球化浪潮，进入经济全球化3.0时代。中国在经济全球化1.0时代国运衰落，在经济全球化2.0时代寻求复兴，必将在经济全球化3.0时代占据重要国际地位，发挥影响全球的大国作用。全球化利益的实现依赖于一系列现实条件。这些条件主要包括：物质技术状况和基础设施条件、地缘利益格局和市场势力结构、国际制度安排即全球治理结构等。在经济全球化3.0时代，国际竞争的本质是“善治”，而不是武力和霸权。最重要的是成为充满创新活力的国度，从而体现出经济体的生命力、竞争力和创造力。所以，中国在经济全球化3.0时代的地位将取决于如何从曾经的“高增长引领世界经济”转变为未来的“善治与活力引领世界经济”。在经济全球化3.0时代，世界各类经济体的利益处于相互渗透、绞合和混血的状态，虽然矛盾难以避免，但更具包容性和均势性的全球发展，符合大多数国家利益。

① 金碚等著，经济管理出版社，2013年版。

② 金碚、张其仔等著，经济管理出版社，2014年版，2018年获第四届中国出版政府奖提名奖。

③ 该文入选《世界经济年鉴2017》世界经济学2016年十佳中文论文。

尤其是对于利益边界扩展至全球的世界大国，维护经济全球化发展的新均势同各自的国家利益相一致。所以，利益关系错综复杂和矛盾冲突难以避免的经济全球化3.0时代，深度的结构性变化使得世界主要竞争对手之间的利益相互交叉重合，“共生”“寄生”关系日趋深化，在客观上向着“利益共同体”的方向演变，有可能成为具有比以往的经济全球化时代更加和平（较少依赖军事霸权）的竞争方式和融通秩序的全球经济一体化时代。

工业革命、市场经济和经济全球化，是彻底改变人类命运和世界面貌的三位一体历史过程。工业革命和市场经济的必然趋势就是经济全球化。只要发展市场经济，全球化趋势就具有不可阻挡之势。直到20世纪的最后20年，中国才幡然醒悟，决意向市场经济转变，实行开放政策，勇敢地融入经济全球化。这样，历经短短40年就获得了与经济全球化接轨的利益，实现了加速工业化和极大的经济扩张，取得出人意料的巨大成效。到2010年，中国成为生产规模仅次于美国的世界第二大经济体，并继续迅速缩小同第一大国的差距，不断拉开同第三经济大国（日本）的距离。展望未来，只要继续走发展市场经济的道路，向更广阔的世界市场拓展，中国的战略利益边界将不断延伸。总之，作为一个人口占世界1/5的大国，走上市场经济的发展道路，改变了经济全球化的整体面貌，并强有力地推动经济全球化从2.0时代进入3.0时代，全球化的意义将无限深远。

很显然，在这样的经济全球化态势下，列强争夺领土和霸权掌控全球的历史已不可能重现，没有国家尤其是负责任大国会设想获取“占领国”利益，即使是霸权主义的美国也不再谋求“占领”目标。崛起的中国更不可能走上列强和称霸的道路。共享共治天下，将是世界可持续发展的唯一可行模式，也是符合中国理念和国家利益的经济全球化方向。因此，习近平主席代表中国宣称的“中国永远不称霸！”是真诚的表达，实际上也宣告了列强时代与霸权时代的终结。

经济全球化3.0时代的另一个突出特点是，各国必须首先“把自己的事情办好”，而试图以对外扩张来转移国内矛盾的陈旧策略已经完全过时。通俗地说就是：人民满意不满意，认可不认可，将决定经济全球化3.0时代国际竞争的输赢。因而国家治理“榜样的力量”将成为决定国际影响力越来越重要的因素。一个自身治理不善、人民满意度不高，甚至“后院起火”的国家是不可能成为世界的领导型国家的。

在这样的时代，作为已经被视为“世界第二大国”的中国，最根本的作为就是：以善治示全球，以创新领潮流。中国能否真正做到政治清明，民主法制健全，将成为全世界关注的问题。全世界都将看着这个世界第二大国如何成为让人民心悦诚服的国家。中国只有成为可以使人“心服”的世界强国，才具有全球性说服力、影响力和感召力，也才可能成为真正具有强大领导力的全球大国，进而对全球治理体系产生根本性的影响。在此之前，世界仍将处于由美国为主导的“战后秩序”格局，没有国家可以对其进行实质性的改变。正如奈斯比特所论述的，从一定意义上可以说，“世界经济大变局”的实质就是“中国改变世界格局”。而中国能否改变世界，关键不在于实力能否雄踞世界，而在于观念能否征服人心。

总之，工业革命与市场经济相结合，推动人类发展进入现代化阶段，必然产生越来越强劲的全球化现象。经济全球化要求各国或各地区的市场开放，并实现世界市场的一体化。这一过程在不同的地缘关系和世界秩序中展开，经历了以帝国列强争夺、瓜分和再瓜分海外殖民地及势力范围的第一次经济全球化时代，以及各主权国家开放市场并接受由霸权国家维持全球贸易和全球航道“自由”秩序的第二次经济全球化时代。当前，经济全球化正在向欧亚大陆及南方国家的纵深地带发展，可望进入全球繁荣新格局和世界秩序新均势的第三次经济全球化时代。中国顺势而为地发出了“一带一路”和“建立新型大国关系”的时代强音，将为经济全球化注入新的活力、动力和竞争力。中国改革开放改变了经济全球化格局。而中国能否改变世界，关键不在于国家实力能否雄踞世界，而在于价值观念能否启示和召唤人心。“人类命运共同体”意识就是中国给世界的一个极有价值的思想启示。在经济全球化的新时代，和平发展、多元共治、包容均势必成主流。中国提出的“一带一路”倡议是一个更具包容性的构想。这一构想基于经济全球化的现实，可以促进人类命运共同体的实现。

壹拾壹

高质量发展研究，我的继往再探索

中国共产党第十九次全国代表大会做出了一个重要判断：中国经济已由高速增长阶段转向高质量发展阶段。关于高质量发展的理论，同我多年致力于研究的一系列问题有着密切联系，例如，关于经济转型升级、关于民生经济学问题、关于效率与公平的关系、关于资源环境与竞争力的关系、关于中国必须打造“大国筋骨”的研究、关于经济发展本真复兴时代的到来等，都是同高质量发展直接相关。因此，在长期学术积累的基础上继续向经济的“质态”领域拓展，高质量发展的理论自然成为我继往再探索的一个重要研究方向。

从经济学的基础理论看，所谓质量，是指产品能够满足实际需要的使用价值特性。进入高质量发展新时代，体现经济发展的本真性质，即对满足人民日益增长的美好生活需要的使用价值面即供给侧的关注，将变得尤为重要，受到更大关切。经济发展的本真理性，实质上就是以追求一定经济质态条件下的更高质量目标为动机。发展质量的内容所表现出的多维性和丰富性，要求发展战略和模式选择的高度创新性。系统性地创造发展优势，走符合实际和具有特色的道路，以各种有效和可持续方式满足人民不断增长的多方面需要，是高质量发展的本质性特征。各地区可以基于自身实际追求丰富多彩的优越。发展质量的高低，最终是以经济发展能否满足人民日益增长的美好生活需要为判断准则的，而美好生活的需要绝不仅仅是单纯的物质性要求，而将越来越多地表现为人的全面发展的要求。与高速增长阶段主要以工具理性为动力的机制不同，高质量发展阶段必须有更具本真价值理性的新动力机制，即更自觉地主攻能够更直接体现人民向往目标和经济发展本真目的的发展战略目标。这种新动力机制的供给侧是创新引领，需求侧则是人民向往。这种新动力机制的内在要求就是市场经济工具理性与经济发展本真理性的有效契合。

将“高质量”作为一个核心概念置于重大政策意涵表达之中，是对经济学的一个挑战。研究高质量发展问题，有必要再回到马克思的商品二重性那里，看看这一问题的理论根基究竟是怎样的。关于商品价值理论的研究从古典经济学到马克思的劳动价值理论，一直基于二重性的方法论，即认定商品具有使用价值和交换价值的二重性，对两者的关注和关切都不可偏废。在经济活动的本真意义上，人类从事生产活动，归根结底当然是为了获得使用价值，以满足人的真实需要。这是一个再朴素不过的常识性事实。而随着真实需要的不断提升和生产能力的相应提高，产品的使用价值性能也不断提升，这也是经济活动的原初本真性。在这个根本性问题上，马克思始终将商品的二重性理论置于经济学逻辑基底，并始终坚持，使之成为贯彻和决定整个学术体系的“基因”。按照他的逻辑，交换成为普遍现象，特别是发展为以货币为媒介的市场经济时，商品的二重性就显著对立了，而且形成独立的供需双方：提供有用产品的一方为供给方，付出货币的一方为需求方。供给方的直接目的是获得代表交换价值量的货币，而需求方的直接目的则是获得具有使用价值的有用产品。而且，参与交换的主体都会递次居于供方和需方的地位，以达成获取使用价值的最终目的。这就是马克思以符号形式W-G-W所定义的简单商品交换关系和简单商品经济。此时，产品的使用价值质量关注方虽然发生了反转，但双方的最终目的仍然是获得使用价值。而进一步的实质性变化是，从简单商品交换经济演变为资本主义市场经济，生产和交换的目的再次反转，即成为G-W-G'。此时，交换的目的不再是获得使用价值，而是为了交换价值即货币的增值。此时，商品的使用价值及其质量的重要性"退居二线"并间接化了，即只是在能够有助于或者不妨碍交换经济即货币量增值的前提下，使用价值及其质量特性才是重要的。简而言之，如果有可能采取完全不涉及使用价值及其质量的方式，就可以获得更多的交换价值即实现货币量增值，那不是更好吗？货币如果能够自行增值，岂不是求之不得的"高招"和"捷径"！这就是所谓"虚拟经济"的逻辑。也就是说，在经济活动和经济发展的原本意义上，使用价值是生产目的，交换价值即货币是手段，而现在却反转为：使用价值及其质量不过是手段，获得更多交换价值即货币才是目的。而如果能够不要（或省略）使用价值及其质量特性这个手段或工具，也能达到货币增值的目的，那么，使用价值及其质量特性就完全可以被"忽略"了。①

当然，在此情形下，使用价值及其质量特性也并非完全无关紧要，因为，在市场经济条件下，虚拟经济归根结底是由实体经济决定的，实体经济的供求关系是竞争性的，只有当产品的质量能够满足真实需要，才会有更多买家，只有当

① 金碚：《基于价值论与供求论范式的供给侧结构性改革研析》，《中国工业经济》，2017年第4期。

买方愿意购买时，卖方才可能获得货币，即实现商品的交换价值。这一情况可以称为交换对质量的合意性要求，即必须能够满足购买者对于使用价值质量的需要，否则使用价值就发挥不了获取交换价值的功能。更重要的是，通常情况下，生产和提供产品的供给者众多，卖方的产品交换价值要得以实现，必须要有更具优势的性价比，才能在竞争中战胜对手并完成交易过程，这可以称为质量的竞争力，即同竞争对手相比较的质量优势。很显然，质量合意性决定质量竞争力。质量竞争力决定产品的价值实现。

总之，从经济学的基础理论看，所谓质量，是指产品能够满足实际需要的使用价值特性，而在竞争性领域，所谓质量，同时还是指具有更高性价比因而能更有效满足需要的质量合意性和竞争力特性。需要强调的是，所谓“需要”是很复杂的，特别是随着经济发展和社会进步，“需要”也是不断增进变化的。所以，当我们将这一理解推演到高质量发展的概念时，就赋予了其很强的动态性，在其基本的经济学意义上可以表述为：高质量发展是能够更好满足人民不断增长的真实需要的经济发展方式、结构和动力状态。

从根本上说，无论是高速增长还是高质量发展，其本质含义首先都是社会所生产和消费的有用产品的增加，也就是说，其经济学含义都是使用价值量的增加，更多的使用价值满足人民日益增长的需要。交换价值并无使用价值，从根本上说不是理性追求的目的，而只是获得使用价值的手段或工具。但是，由于各种不同产品的使用价值难以进行一致性计量和加总，所以经济学研究中不得不以货币作为一致性计量的核算单位。

除了高速增长与高质量增长的上述本质相关性之外，两者的差异也是明显的。在高速增长阶段，一方面，主要专注的是经济产出即产品和服务的供给量不足上。当时中国经济供给侧的基本特征是："落后的生产力"。为了摆脱落后，必须加快增长。另一方面，市场经济的工具理性发挥了强劲的力量，表现为，经济关系中的工具性目标，收入、利润、GDP等，成为社会追求的最重要目标。在这一发展阶段，整个国家表现为亢奋的物质主义价值观倾向，而且对物质成就的追求很大程度上具有或趋向于对货币的强烈欲望。特别要指出的是，由于现代经济的货币体系以信用货币为主体，所以，亢奋的物质主义价值观念和行为倾向往往蜕变为非理性地追求货币数字的疯狂游戏，导致产生所谓"非理性繁荣"和"泡沫"现象。不过，我们绝不要诅咒，而要看到，那毕竟是一个取得了巨大经济发展成就的时代，整个社会和国家由此而实实在在地进步了，富裕了，强盛了。

当度过了这个令人兴奋的高速度增长阶段，取得了巨大成就后，其内在的矛盾和问题也积累，并日益显现出来。十多年前，人们就开始认识到中国经济发展存在"不平衡、不协调、不可持续"的突出问题。此时，人们不禁产生新的困惑：为了经济高速增长，我们付出了很大代价，产生了许多矛盾，这就是我们所需要的经济增长吗？我们是否因疯狂追求物质财富甚至是虚拟的货币数字，而失去了经济发展的本真目标了？高速增长完全等同于实实在在地实现了经济发展的目的吗？

简而言之，当经济增长的量的不足即“落后”问题基本解决后，经济发展质量的问题凸显出来。而经济发展质量不高主要体现在真实经济的结构上。而所谓经济结构，从经济理论上看实际上就是产品及其生产过程的使用价值层面，即供给侧现象。当然，需求侧也有结构性问题，而真实需求的结构问题实际上也是与使用价值相关的现象，即对质量的要求。

因此，从市场经济的商品二重性角度观察，高速增长转向高质量发展，就是经济运行的目标和动力机制从主要侧重于以交换经济（货币单位）计算的产品总量增加，转向更加注重产品和经济活动的使用价值及其质量合意性。当然，这也绝不是说，转向高质量发展阶段，交换价值就不重要了。以交换价值所体现的市场经济的工具理性机制仍然具有重要意义，还将发挥重要作用。收入、利润、财富、GDP等仍然是重要指标，关系到经济是否或能否有效运行并取得进步。但是，进入高质量发展新时代，体现经济发展的本真性质，即对满足人民日益增长的美好生活需要的使用价值面即供给侧的关注，将变得尤为重要，受到更大关切。

我们可以将“高速增长”和“高质量发展”作为区别两个发展阶段的不同质态的概念表达，那么，新时代的中国经济质态发生了怎样的新变化？同过去的40年相比，中国经济的质态变化是显著的：从低收入变为中等收入、从生产力落后的贫穷国家变为世界第二大经济体、从GDP增长目标最重要变为实现平衡和充分发展更重要、从全力追求“金山银山”变为更要有“绿水青山”等。这样的基本质态变化，将导致发展观的实质性转变：过去的时代精神是“宁可少活20年，也要拿下大油田”，人们赞美和欢呼工厂烟囱冒出的黑烟如同美丽的“水墨画大牡丹”。而新时代的新发展理念则是：创新、协调、绿色、开放、共享。

正因为市场经济中，绝大多数生产活动是为交换而进行的，生产者是为向他人提供使用价值而进行劳动，其目的是获得更多的交换价值（货币），而交换价值（货币）本身并不具有使用价值，所以，这样的生产方式，实际上是生产活动目的与手段的角色反转。虽然这样的机制能够为社会生产注入经济增长的强劲动力，但正如美国著名学者大卫·哈维所说，那是一个交换价值是主人，使用价值是奴隶的机制。[①]而当人类社会进入一定的发展阶段，经济发展的本真性质必会凸显其最终的决定性，即在新的发展阶段上实现本真复兴。根本上说就是“享用”的崛起，是“享用”对于“交换”的“平权运动”。[②]从经济学的价值论上说，新时代是本真理性渐居主导地位的时代（或本真复兴的时代），必有发展理念的深刻变化，以适应和体现时代质态的演变趋势。经济发展的本真理性实质上就是以追求一定经济质态条件下的更高质量目标为动机。

进入新的发展阶段，由于经济质态的变化，发展的质量要求也会改变（提高），高质量发展所涉及的基本因素与以往时代也不尽相同，即发展的政策目标以及各目标的优先

① ［美］大卫·哈维：《资本社会的17个矛盾》，许瑞宋译，中信出版集团，2016，第58页。

② 金碚：《本真价值理性时代的区域经济学使命》，《区域经济评论》，2018年第1期。

次序将有很大改变。迄今为止，市场经济是满足人的真实需要最有效的制度。在市场经济的一定发展阶段，由于工具理性的强劲主导和社会生产力的落后，上述第二个性质被抑制了。而进入新时代，市场经济的这个最终服从于满足人民实质需要的根本性质将越来越显著地显现出来。

因此，新发展观，即创新、协调、绿色、开放、共享的发展理念，就成为对新时代高质量发展的新要求，也是对是否实现了高质量发展的评价准则。而且，新时代的这些要求的实现也内在地决定了经济运行必须是效率和质量导向的，即体现质量第一、效率优先，以实现更高质量、更有效率、更加公平、更可持续的发展。

从高速增长转向高质量发展，不仅仅是经济增长方式和路径转变，而且也是一个体制改革和机制转换过程。高速增长转向高质量发展的实现，必须基于新发展理念进行新的制度安排，特别是要进行供给侧结构性改革。也就是说，高质量发展必须通过一定的制度安排和形成新的机制才能得以实现。

第一，高质量发展依赖于市场价格调节的有效性，其基础性的体制机制要求是，必须使市场在资源配置上发挥决定性作用。所以，整个经济系统的价格体系的合理化，是经济高质量发展的前提。

第二，价格调节的有效性和价格体系的合理性，取决于产权制度和交易制度的有效性和合理性。只有当产权边界明确、产权安全可靠、产权权能有效、产权交易便利，价格机制才能有效发挥调节经济的功能。从这一意义上说，健全的产权保护制度，包括知识产权保护制度，是促进高质量发展的根本性保障。产权和交易是高度相关的，其相互间的关系及实际的制度安排决定了交易成本的高低。而交易成本对经济发展的质量具有重要影响。尽管实践中难以做到交易成本为零的制度安排，但最大限度减少交易成本，因而使产权关系更有效发挥作用，是促进高质量发展的改革方向。从一定意义上可以说，市场运行较高的交易成本是经济发展质量不高的表现，也是导致经济发展质量难以提高的重要障碍。

第三，更好发挥政府作用是实现高质量发展的重要因素。政府必须在对市场的治理规管、进行重大规划特别是区域规划、提供公共服务、保护生态环境、调节收入分配、构建社会安全网和援助弱势群体等方面发挥积极作用，而上述这些方面也都直接体现了经济发展质量的高低。因此，更好发挥政府作用，是实现高质量发展不可或缺的重要条件和治理手段。

第四，科学发现、技术发明和产业创新是实现高质量发展的关键动因，只有创新驱动的经济才能实现持续的高质量发展。

当中国经济从高速增长阶段转向高质量发展阶段，不仅是一个社会行为方向的巨大转变，而且要有思维方式的适应性改变和引领性革新。

高质量发展的一个根本性特征就是多维性，表现在战略方向上就是政策目标多元性。因此，同高速增长阶段的战略思维不同，实现高质量发展的战略思维突出体现为全面性，许多重要举措往往要求“全覆盖”。而在政策目标多元化的前提下，实现战略方向全面性，就成为引领高质量发展的关键。但这一要求在现实中也往往成为难点所在。因为多个目标之间可能会存在一定的冲突性，即追求一个目标可能会损失另一个目标。当然，战略方向全面性，也绝不是没有主攻目标，不分轻重缓急。恰恰相反，战略方向全面性的实现，必须通过一定时期的主攻目标的按期达成来推进。

高质量发展的经济社会质态，不仅体现在经济领域，而且体现在更广泛的社会、政治和文化等领域。公平正义，是高质量发展的内在要求。以公平促进效率，以高效率实现包容性发展，才是真正的高质量发展。发展质量的高低，最终是以经济发展能否满足人民日益增长的美好生活需要为判断准则的，而美好生活需要绝不仅仅是单纯的物质性要求，而将越来越多地表现为人的全面发展的要求。

从高速增长转向高质量发展，是一个在理论上和实践上都具有极大难度的重大挑战和艰巨任务。理论上如何认识，实践上如何应对，都面临一系列新问题。高速增长是由市场经济所具有的无限追求交换价值的工具理性所主导的，具有强劲的动力，可以并且确实取得了巨大的物质成就，但也可能付出相当大的代价。当高速增长阶段转向具有多维性的高质量发展阶段，不再能够仅仅依赖于这种“单发”性动力机制，而必须实行具有全面性的战略，在各政策目标间进行权衡协调，以达到高质量发展的多维性合意目的，即满足人民日益增长的和多方面的美好生活需要。因此，与高速增长阶段主要以工具理性为动力的机制不同，高质量发展阶段必须有更具本真价值理性的新动力机制，即更自觉地主攻能够更直接体现人民向往目标和经济发展本真目的的发展战略目标。这种新动力机制的供给侧是创新引领，需求侧则是人民向往。而进一步加强全面深化体制改革以及实现国家治理体系和治理能力现代化，正是要形成和强化能够推动高质量发展的新动力机制。从根本上说，这种新动力机制的内在要求就是市场经济工具理性与经济发展本真理性的有效契合。

在研究“高质量发展”的一系列经济学基本理论问题的基础上，更为重要的是要进一步研究和讨论，在新时代，我们应以怎样的经济学新思维，应对新形势、新问题，并以基于更深刻理论认识的创新性思维，引领全国及各地区的经济发展新征程。这主要包括以下几方面：

1. 关于经济行为和发展动能的新思维

人类经济活动最初的动因是以简单、有益和有效的方式获取有助于自身生存和种群繁衍的必需物品，这样的生产性经济活动从采集、狩猎、捕捞到种植、饲养，以至进行各种形式的手工制造劳动，即把原先“无用”之自然物转化（加工）为可供消费使用之产出品。这样的经济活动尽管符合人类进行生产活动的本真目的，即获取有用之物，但其经济动能却是十分有限的，生产效率也是十分低下的。后来，人类发现，相互进行有用物品之间的交换，即W-W，可以提高有用物品的可得性和劳动成效，因为这使劳动分工成为可能。在劳动分工和交换关系进一步发展的基础上，以货币为媒介的商品交换行为，即W-G-W，成为普遍性的社会经济现象。用马克思所采用的符号来表达，在这里，W代表商品

（有用品），G代表货币。此时，经济活动的动因仍然具有朴素理性主导的特征，即生产产品以换取他人所生产的有用品为动机。正如马克思所进一步论述的，W–G–W关系的普遍发展，会导致社会经济关系的质变，转向G–W–G’的动力机制，即原先以获取使用价值为目的的行为方式和经济运行机制，转变为以获取更多交换价值（货币）为目的的行为方式和经济运行机制。这样，经济活动的朴素理性机制，就转变为以工具理性为主导的动力机制。因此，经济活动的直接行为目标就不再是其本真目的，而是追求工具目标G’，即不断增值的交换价值代表——货币额，此时，手段和目的间的关系反转了。显然，与以前的朴素理性相比，以工具理性主导的经济机制会具有强大得多的动力，因为，前者的行为目标量（有用物）是有限的，而后者的目标值（货币量）则可以是无限的。这就导致了一个影响极为深远的社会后果：经济活动行为目标的转变使得“贪婪”之心登上了人类发展的舞台，并成为其核心“动能”的心理缘由（亚当·斯密称之为“人类本性的欺骗”）。不过，这样的行为目标机制尽管动力非常强劲，但也正因为如此而可能“令人痴迷”并产生人类的“认知俘获”[①]现象，导致对经济发展本性的认识扭曲，马克思称之为社会的“异化”现象。这样的“认知俘获”致使人们倾向于极为亢奋甚至疯狂地追求交换价值量（货币额），甚至即使它只不过是信用货币体系中的符号“数字”（账户记录），进而走向没有任何真实使用价值意义的“虚拟经济”行为领域，以至产生奇特的“理性的非理

① 指对事物性质认识的根本性扭曲，即认识严重背离事物本性。

性”和“非理性繁荣”现象。

正是在这样的现实条件下，经济学思维严重倾向于工具理性主导，不仅偏重作用于追求交换价值（货币）的经济行为，而且尽力“抽象掉”所有难以用货币计量的因素。经济学的这种思维特征并非完全是人类认识的“误解”或“无知”，而是由其产生和发展的历史条件和时代背景所导致的必然，不是心不明白，而是身不由己。反过来，这样的经济学思维又被视为“经济人”应有的理性依据（即假定追求自身利益最大化的“经济人”行为是所有正常人的理性表现），进一步塑造着现实经济状况，发挥着经济思维的“教化”作用：完全认同精于算计的自利行为（精致的个人利己主义），即追求（可以货币计量的）收入和财富最大化，是“天经地义”的人类本性。可见，被“俘获”的认知以及由其主导的普遍性经济行为倾向，同现实经济运行过程高度“纠缠”，相互推动，双向强化，使人类经济发展的本真性与工具性的关系完全反转颠倒。

马克思所进行的政治经济学研究，深刻揭示了经济发展的本真性与工具理性关系颠倒而导致的社会形态后果，据此而将其定性为作为人类社会发展的一个必经阶段——“资本主义经济”或“资产阶级社会”时代。但是，由于当时的世界尚未进入马克思所预见的生产力高度发达和物质产品极大丰富的社会，其理论的进一步深入和展开受到经济发展水平的限制，他把对未来社会形态及其实际状况的具体描述留给了后人，而只是预言了资本主义市场经济的工具理性终将在新社会中让位于人类经济发展本真理性的主导，即人类终将进入以追求人的全面发展和能力的充分发挥为目标的“自由人联合体”社会，即共产主义社会。

今天的人类发展水平距马克思所预言的未来社会仍十分遥远，但工业化的巨大成就和世界经济的高度现代化，特别是中国社会主义市场经济的发展，正在创造一定的条件，逐渐拨开迷雾，启蒙明智，使经济学摆脱导致了经济发展本真性扭曲的“认知俘获”成为可能。当前，我们致力于“高质量发展”的研究，就体现了关于人类经济发展新动能的理性思维的进步趋向。在新时代，人们和社会将更理智地认识和对待市场经济发展中使用价值与交换价值的关系，在各种体现了交换价值和使用价值的目标中，进行适当的权衡，以实现发展的平衡性和满足的充分性。此时，人们对经济发展的认识和思维方式将发生重大改变，即在取得了经济发展巨大成就的基础上，以更为科学理性的精神，来反思经济发展的真实价值，拨正人类发展的方向。

从理论上说，这实际上就是在经济发展达到一定水平，即告别了“落后的生产力”状态之后，社会开始进入本真复兴的新时代，表现为市场经济的本真理性同工具理性逐渐形成“平权”状态，而且本真理性不断取得更大优势，体现了经济发展的自觉性对自发性日益增强的驾驭能力（如马克思所说的，从“必然”王国走向“自由”王国）。而从经济发展动能机制的基本特征来观察则可以看到：以工具理性为主导，虽然动力强劲，并具有历史必然性，但却可能迷失方向，即竭尽全力追求“黄金时代”，却可能落入“镀金”陷阱；而坚持本真理性就是要力求体现经济发展的真实价值，由此引领的新动能可以从根本动机和激励机理上把握经济发展的正确方向，这才是人类发展真正走向“自由”的道路。我们知道，战略管理有一条重要原则：方向比努力更重要。只有方向正确，努力才有价值和意义；而如果方向错误，则越是努力就危险越大。所以，关于经济发展新旧动能转换的新思维，实质上就是要坚持以本真理性驾驭工具理性的科学精神，努力形成和有效发挥具有方向自觉性和激励有效性的经济发展动能机理。这就是经济高质量发展的动力论新思维。

2. 关于工具理性与价值目标的新思维

在关于经济发展新旧动能的研究中，已经涉及经济行为和现实经济发展正在从交换价值目标即工具理性主导，向更大程度上体现本真价值理性的方向演进的问题。在新时代中国特色社会主义市场经济体系中，工具理性虽然仍将是实现本真理性的重要动力，但不应再是天马行空的盲目力量。经济发展不仅需要和能够获得新动能，而且可以更好体现满足人民美好生活需要的本真性目的。[①]而需要进一步深入研究的是，在新时代的高质量发展进程中，如何妥当处理好以交换价值为主导的工具理性与以质量关切为主导的本真理性之间的关系？[②]

由于经济发展水平以及传统经济理念的局限，加之经

① 金碚：《论经济发展的本真复兴》，《城市与环境研究》，2017年第3期。
② 金碚：《本真价值理性时代的区域经济学使命》，《区域经济评论》，2018年第1期。

济学对“精确”“严密”“逻辑自洽”的追求，主流经济学越来越具有高度形式化、数学化的特征。因而工具理性主义成为当代经济学最值得“骄傲”的特征，经济学也因此而被誉为社会科学“皇冠上的明珠”。诚然，工具理性对于经济学的方法论具有相当的重要性，因此，经济学研究的形式化（数学化）并非没有价值和学术意义，它的确可以增强经济学表达和分析推断的逻辑严密性。但是，如果以工具理性替代或掩盖甚至排斥人类经济活动的本真价值，或者如果因追求形式化（数学化）而使经济学远离现实，在“象牙塔”中自娱自乐、自我欣赏，就会使经济学失去其科学的解释力和预测力，甚至误入歧途，迷失方向。如果以这样的经济学思维方式作为现实经济发展的指导理念，就会走向盲目追求工具性目标（例如收入、GDP等）的方向，而忽视难以用货币性数量指标来显示的本真性目标（例如生态环境、人民幸福等）。可见，新时代的经济发展新思维应体现为：工具理性不失本真价值，形式化（数学化）方法不失实质内涵。

这样的新思维可以用公式简洁地表示为：W-（G-W-G’）-W’。其中，（G-W-G’）体现了市场经济的工具理性过程，即追求经济价值和高效率仍是内在的动因机理，但这种工具理性机理必须服务于并最终实现为更高质量的使用价值质态W’的创造，以此满足人民日益增长的美好生活需要。遵循这样的新思维逻辑，经济发展如何形成新理念和新的指导思想及其实现方式，使具有工具理性的经济机制不失其本真价值的主导方向，形式化（数学化）的指标追求不失其实质性内涵，让增长指标能够最大限度体现实质价值的提高（即人民对美好生活的向往的不断实现和满足），是一个需要做出极大努力才能完成的理论研究任务。

就此我们可以做一个形象的比喻：以工具理性为主导的思维方式，相当于独眼看世界，即闭上观察使用价值（实际上是经济发展的本真性要求）的一只眼，而睁大观察交换价值（以货币计量的“最大化”目标）的一只眼。而进入新时代，思维方式必须转变为对使用价值（质量要求）的重要性越来越重视，工具理性与本真价值理性进入“平权”状态，这就相当于双眼看世界，既要关切使用价值也要关切交换价值，而且必须力求其平衡和充分（因为在现实中，“不平衡不充分的发展”是必须特别关注的薄弱方面）。独眼看世界有时可能感觉很“准确”“精道”，其实往往忽视了真实世界的立体性、多维性和丰富性。只有双眼看世界，才能观察得更真切，既能发挥工具理性的注重效率、速度、效益等优势，又能把握经济行为的本真目标，即不失满足人的真实需要的正确方向。例如，“房子是用来住的，不是用来炒的”[①]“我们既要绿水青山，也要金山银山。宁要绿水青山，不要金山银山。而且绿水青山就是金山银山”[②]；长江经济带的发展，“共抓大保护，不搞大开发”[③]……习近平总书记对经济发展所提出的一系列原则观念，都体现了高质量经济发

① 《习近平在中国共产党第十九次全国代表大会上的报告》，人民网，2017年10月。

② 《习近平十八大以来关于“生态文明”论述摘编》，中国共产党新闻网，2014年8月26日。

③ 《习近平：共抓大保护，不搞大开发》，《人民日报》（海外版），2018年4月27日。

展必须要实现工具理性与本真价值相契合的新思维，是双眼看世界的新思维方式的真切体现。如果说在政治思维上要强调“不忘初心，牢记使命”，那么，在经济思维上则是要强调“不忘本真，关切质量”。这就是经济高质量发展的价值论新思维。

3. 关于经济主体及主体需要的新思维

当我们讨论到以使用价值质态所体现的经济质量，以及“满足人民需要”为经济发展的本真目标和现实动因时，就触及了传统经济学的一个极大“软肋”。众所周知，马克思的政治经济学思维将使用价值与交换价值的二重性作为其价值理论的基础，并将这一价值论基础贯彻于其政治经济学体系之始终。但是，在马克思之后，主流经济学知难而退，有意无意地忽视或回避使用价值因素，而将主要体现交换价值含义的“财富”作为经济学关注的核心概念。著名美国经济学家欧文·费雪说：“‘财富’一词用来表示为人类所有的有形物件（或实物）。根据这一定义，某一物件若要成为财富，只需要满足两个条件：第一，它必须是有形的（material）；第二，它必定是有主的（owned）。也有人加入了第三个条件——它必须是有用的（useful）。不过，尽管有用性的确是财富的一个本质属性，但远谈不上有什么特别之处，有用性隐含于占有特征之中，放在定义中略显多余，故而可以删去不表。”他认为，“拥有财富就是有使用权。”[①]所以，经济学不必关注使用价值，而只要将使用价值视为财富所提供的“服务”，即“效用”就可以了。这样的简化或抽象即使在一定的经济发展阶段也许可以接受，但毕竟具有极大的局限性。因为，第一，认定拥有财富就是拥有使用权，拥有使用权就等同于进行了实际使用或被真实享用了，这过于绝对而有失偏颇了。在许多情况下，拥有使用权，未必就实际使用或进行了真实享用，有用物（产品）的“过剩”“冗余”“闲置”“浪费”“损坏”等现象是常常发生的。第二，反之，也普遍存在这样的现象：有许多人在对有用之物并未拥有产权的情况下却可以实际使用，即对有用物的实际享用未必以财产权为条件，例如，许多公共场所、基础设施等都是如此。又如，有许多产品（财富）在一定的集体成员中是可以（或总是）共享的，一些产品（财富）在一定的社区范围内人人可以享用，而自然生态环境更是大众共享的自然财富。所以，用财产权替代使用权，将占有等同于享用，是传统经济学的一个脱离现实的独断性假定。按照这样的思维定式，将所有的享用都认定为权属性消费（拥有所有权或支付货币才能消费），极可能产生或诱致严重忽视非财产权性的使用价值（例如生态环境）和扭曲各种非权属性供需关系（例如公共卫生、基本医疗）的行为倾向。

与上述的财富观直接相关并更为重要的是，西方主流经济学假定只存在个人主体而不存在“人民”这一主体，主张

① ［美］欧文·费雪：《资本和收入的性质》，谷宏伟、卢欣译，商务印书馆，2017，第8、22页。

财产权只能以个人定义（私人拥有）；因为产权必然意味着一些人排斥另一些人的权利，所以如果主张所有人都拥有的产权，就相当于没有产权定义（边界）。因此他们认为，在经济学中，“人民”是无法定义其主体产权的，即使将“人民”算作经济主体，最多也只属于“没有感觉”的主体，而没有感觉的经济主体均不是真实的利益主体，最多只能算是“虚构的主体”（“企业”也是虚构的利益主体，即没有感觉的“法人”）。这样，按照他们的思维方式，真正有实质意义的只有个人（私人）的使用价值或效用（福利）判断，而没有“人民”的使用价值和效用（福利）判断。他们认为，关于所谓人民利益的决断不过是以一定的议决程序所做出的“公共选择”，公共选择的结果并不代表人民的真实福利（集体利益），而只不过是达成了不同个人的各不相同的利益诉求之间的妥协，即并非存在真正的集体利益，只不过是服从一定程序而勉强达到的公共认可；而只要采取另一套公共选择程序，就会得到公共妥协认可的另一种不同结果。

以上述思维来认识和引领经济发展，显然是十分狭隘和非常不恰当的。在现实中，财产权与使用价值的关系有各种复杂情况。抽象掉使用价值因素（将使用价值完全归之为并消失于个人占有权）实际上就抽象掉了人类经济活动的本真性即真实价值，绝非明智之举。特别是当进入新时代：一方面，个人所需要的有用产品（包括服务产品）越来越丰富多样；另一方面，众多个人并非必须通过获得私人财产权来获得相关使用价值（使用或享用权）的情况越来越普遍，例如，优良的生态环境、各种公共设施和公共服务等。在新时代，各种各样产品的使用价值形态和质量特性，以及由此产生的生产、消费及供求关系，将表现为越来越丰富多样的现象，必须以新的思维和理念来引领新时代的经济发展，特别是要以供给侧结构性改革来优化产品供给机制。

尤其重要并具有更大理论挑战性的是，以怎样的新思维和理论严谨性来确定“人民”作为可定义的真实经济主体，以及如何使人民需要（及向往）得以满足？其中，不同的个人需要及其满足，与人民需要及其满足之间有何关系或关联？在现实中，“所有人都拥有的产权或享有的权利”并不自相矛盾，“人民”完全可以成为真实集体利益主体，当这个集体利益主体（整体或局部）受益或受损时，其感受不仅可以是真切的，而且可以并且必然传递给作为人民成员的众多个体，例如气候条件及其变化影响着所有人（人民）的整体和个体利益。当人民作为利益主体时，一些成员的个人利益严重受损，就会被感受为人民整体利益受损，即“人民”主体的损益感受往往会表现为“一个不能少”的局部—整体关联性特征，这一特征显著不同于传统经济学以原子型主体个人或黑箱型主体“企业”为假设前提的理论逻辑，也不同于传统福利经济学所假定的微观经济主体间的福利评价（比较）原则。所以，以人民主体的思维来推进高质量发展，整个社会所提供的各类产品的使用价值质量状态及结构特征、关于经济主体（福利评价）以及相关的体制机制和政策安排等，都会成为经济学必须着力研究的重大问题。这就是经济高质量发展的主体论新思维。

4. 关于结构性和精准性的方法论新思维

从关于人民作为经济主体的思维逻辑中，必然推导出关于经济发展目标函数的新思维。在新时代，经济发展所要达到的目标具有更加体现质量特征的复杂性质，特别是，质量感受主体不仅有众多个体，而且还有存在“局部—整体”结构性关系的“人民”。因此，着力形成“结构性”和“精准性”的新思维，是高质量发展新时代的一个重要的方法论要求。

众所周知，以往的经济学主要着力于观察和研究微观经济和宏观经济两个层面的现象和关系。微观经济学主要研究微观主体的行为及其相互关系，以个量及个别价格（局部均衡）为主要变量和工具；宏观经济学主要研究经济总量问题，以总量（宏观）指标为分析工具及数量目标。这两类经济学的主体框架都尽可能回避结构性问题。但是，当我们关注经济发展的质量问题，特别是考虑到具有“局部—整体”结构性关系的“人民”主体时，经济体及经济运行中的结构性现象和问题恰恰成为关注焦点。在现实中，弥补结构性缺陷、消除结构性失衡现象，往往成为实现高质量发展的主攻方向，特别是，通过实施阶段性的“补短板”战略，是整体提升发展质量的重要举措，通常称为“木桶原理”。由于木桶的总体质量（盛水量）是由它最短的一块木板决定的，所以，改善（加长）木桶的最短板，就是提高木桶质量（盛水量）的战略重点。当前，中国确定的化解重大风险（尤其是金融风险）、精准脱贫、污染防治三大攻坚战，就是体现了经济发展新思维的重大实践举措。这三大攻坚战，针对的就是当前影响发展质量的最短板或隐患处，聚焦于“人民”主体的重大利益关切。

在以往的经济学研究方法中，对结构性和精准性问题的关注是一个明显的薄弱环节。一方面，倾向于断定市场经济的竞争机制可以像一只“看不见的手”那样来有效调节经济和解决结构问题，因而无须特别关注经济结构中的短板现象和矛盾，也就难以（或不必）采取精准性的应对举措来解决可能发生的结构性矛盾。另一方面，如果要采取什么结构性的政策举措，又往往落入传统计划经济的思维方式，对经济运行的干预损害了“市场在资源配置中发挥决定性作用”的机制，也难以找到“更好发挥政府作用”的有效方式。而无论是市场关系还是政府干预，传统主流经济学都不涉及假定没有内部结构的经济主体内部关系，即完全“抽象”掉了经济主体内部结构关系，或者对其视而不见。

尽管较完善的市场机制可以决定大多数场合中的结构性问题，但在影响发展质量的关键性环节上，确实有某些突出的结构矛盾是市场这只“看不见的手”难以自发解决的。有些短板是难以依靠“市场最了解”的思维和举措来发现和弥补的。而发挥政府作用的有效性也是需要具备必要条件的。总之，解决高质量发展中的许多问题，特别是一些重要的结构性问题，市场调节和政府作用的“精准性”往往都是关键性要求。因此，如何关注“结构性”，实现经济对策的“精准性”要求，是推进和实现高质量发展所要具备的一个重要的新思维方式，也是转向高质量发展阶段后，经济学研究的创新发展需要突破的一个重要难题。从更大意义上甚至可以说，这是当代经济学发展中的一个具有根本性变革意义的思维更新要求。

以往的微观经济学，只是假定市场能够实现“精准性”的供求均衡；宏观经济学，也假定即使市场没有达到完全“出清”，那所影响的也只是总量失衡，不必考虑或担忧市场机制能否“精准性”地调节具体产品或要素的供求关系问题。可见，尽管经济学运用了高深复杂的数学方法和模型，以描述或论证局部均衡或一般均衡的条件为主要方向，但在基本的思维方式上是回避现实经济中，特别是经济发展中的动态性“结构性”和“精准性”问题的。或者可以说，只是注重形式的精准性或精确性，而实际上远离对经济发展中现实问题的精准性解决方式。可以说是以“精准性”的学术形式和数理表达，掩盖或回避了精准性地应对真实问题时的无力或无能。

因此，在中国经济进入高质量发展阶段，为精准解决现实经济发展中的迫切问题，经济学必须在结构性精准性思维以及提出并实现结构性精准性解决方案上，以新思维引领的更大努力，取得学术发展的新进展和新突破。

问题的困难在于，过去，当经济发展处于高速度增长阶段时，经济行为的目标比较单纯，甚至可以利用唯一重要指标，例如GDP增长率来进行较简单的观察和评价；而现在，当经济发展进入高质量发展阶段时，质量的多维性和一些方面的非量化性，使得上述“精准性”思维要求可能遭遇同实际现象性质的模糊性特征相矛盾的境况。例如，个人或地区的“贫穷”特别是贫穷的感受程度，就是一个具有模糊性的概念，但实施有效的扶贫行动，却必须具有精准性，否则脱贫成效就难以达到理想的效果，甚至可能南辕北辙。再如，防范化解风险，也是一个具有模糊性的概念，“风险”就是不确定性，而消除所有风险和不确定性是无法达到的，也是没有必要的。因此，防范化解风险的举措必须要有精准性，体现结构性，否则就可能是无的放矢，盲目治理，难有成效。可见，结构性和精准性思维是一个重要的方法论和实践性问题。

以结构性和精准性思维考虑问题，在实践中往往必须表现为“底线思维”的方法，即把守住底线、在底线环节上着力，作为解决全局性问题的关键。习近平总书记强调指出的“突出抓重点、补短板、强弱项，特别是要坚决打好防范化解重大风险、精准脱贫、污染防治的攻坚战”，就是一段时期内中国经济发展中的底线思维战略重点，取得三大攻坚战的胜利，经济发展的总体态势就将全盘皆活，可以在稳中求进的基础上显著提高中国经济发展的总体质量水平，并拓展未来发展的巨大空间。这就体现了经济高质量发展的方法论新思维。

5. 基于新发展理念的策略法则新思维

从一定意义上说，经济学是关于人类行为中进行选择决策，或进行选择决策所基于的人与人之间相互关系（马克思称之为“生产关系”）的学说。在这一意义上，经济发展理念归根到底也是关于选择决策的基本思路原则。按照以往的主流经济学思维，主要有两类选择决策问题。一是微观经济主体的“自由选择”；二是关于集体决策的“公共选择”。这两类选择决策都基于个体利益，而超越个体利益之上的集体利益选择决策归根结底也只能基于个人对自己福利（私利）的感受和判断。如本文前节所述，对于经济主体设定的这种思维定式，阻碍了对高质量发展的深入认识。这种以绝对个人主义为基础的经济选择思维，更难以应对诸多政策目标的选择和排序问题。

而且如前所述，当处于高速度增长阶段时，经济发展所追求的目标相对单一，因此，战略和政策目标的确定和决策相对简单，尽管宏观经济调控也有多个政策目标，也需要进行一定的权衡取舍。当然，在经济较落后的发展阶段，也往往会更倾向于实行结构性的产业政策，但从其政策目标的性质上看，所追求的实际上仍然主要是“高速度增长”这一相对单一的主导性（具有压倒性的）目标，即以高速赶超作为最基本的政策取向。也就是说，工具性目标终归是其主要关切点，增长率总是被视作可以“一俊遮百丑”的指标。

而进入高质量发展阶段，情况显著不同，高质量含义的多维性体现为政策目标多元化，因为多元化是高质量的本质特征。如前所述，这样的政策目标多元化，不仅仅有工具性目标，而且包含更重要的本真性价值目标。因此，进入新时代，不仅是在国民经济总体上，而且在经济体系的各个层面和领域，都会要求进行提升发展质量的策略权衡，即在各个政策目标间进行选择并实现协调性优化。单纯的个体自由选择和公共选择的传统思维和方法，常常都不很适应这样的新形势，而是需要一种以人民为集合性主体（集体）而进行“协调选择”的新思维和新方法论。也就是说，要以集体性“共享”为根本目标。共享的主体是“人民”群体，群体的整体与局部的受损或获益需要权衡，必须在协调中进行选择决策。而人民主体的共享抉择，同上述个体自由选择以及公共选择往往具有显著差别，特别是，无论在时间跨度还是在空间尺度上，人民主体的利益目标和协调选择行为，都有不同于其他的判断原则和优化准则。例如，人民主体可以有“百年大计、千年大计”目标眼界，而其他利益主体和公共选择不会有这样的理性；人民主体可以有“人类命运共同体”利益包容性，其他利益主体和公共选择也不会有这样的理性。

6. 关于经济发展战略的新思维

习近平总书记在十九大报告中提出要“努力实现更高质量、更有效率、更加公平、更可持续的发展”，实际上就是指出了新时代经济发展战略所期望实现的根本目标的努力方向和必须遵循的基本行为法则。

——“更高质量”体现价值理性原则。这是经济发展的本真性质所决定的。如果背离高质量目标和基本法则，经济发展就失去了其根本意义。

——“更有效率”体现工具理性原则。在新时代，工具理性仍将发挥重要作用，但要更具科学性。在工具理性的各个行为目标中，速度、规模、营利等目标集中体现为效率目标，效率目标最接近于实现本真价值理性目标的要求。

——“更加公平”体现人民主体原则。“人民”作为集合性经济主体，其利益获得感集中体现为公平性，实现人民主体全体成员的普遍公平获益，才能最终达到人民总体福利目标。

——“更可持续”体现和谐永续原则。全面协调以及人与自然和谐共生是经济发展的长久性根本价值，据此可以实现经济发展进程中价值理性、工具理性及人民主体真实获益并永续繁衍的统一性。

可见，基于新发展理念的新思维，奠定了经济发展战略目标选择的决策原则，也是关于发展路径和模式创新的抉择原则，进一步说，也是构建经济发展体制机制和确定基本行为法则的主导原则。总之，战略、路径、模式、政策、体制、行为法则等，都是新理念、新思维的显性化和具象化。从这一意义上可以说，高质量发展的推进和实现，取决于高质量发展的经济学新思维在实践中的贯彻、落实和全方位体现。

壹拾贰

开拓新学科，
我寄予年轻学人的期望

在我的学术生涯中，教学工作一直是一个非常重要的工作领域，也是我获得很大愉悦的生活空间。与学生们相处，不仅教学相长，而且结下师生之谊，许多学生成为我的终身朋友，忘年之交。

1989年从中国人民大学毕业获得经济学博士学位后，进入中国社会科学院工业经济研究所，除了承担科研任务之外，研究生教学以及各种培训班授课，也是很重要的工作。当时，国家处于改革开放起步时期，对于经济学知识的渴求是一个普遍性的社会现象。中国社会科学院研究生院的工业经济系，即设在工业经济研究所。我从1995年担任副所长开始就兼任工业经济系主任，并担任中国社会科学院研究生院教授委员会第一、第二届执行委员会委员。从那时起，教师就成为我的又一个终身职业。

中国改革开放40年来，教育应该算是发展最快，投入资源最多、规模扩展最大的领域之一。教育发展尽管常常受到批评，但无疑对中国40年发展贡献巨大，也是人民受益最显著的事业。无论是基础教育、中等技术职业教育，还是高等教育，都有了长足的进步。从一定意义上说，我自始至终，40年从未离开过教育领域，要么当学生，要么任教师。所以，由于我任职多，大家对我的各种称呼有10多个，但我总感觉“金老师”是其中最亲切的一个。

在称呼我为“金老师”的学生中，有我直接指导的硕士、博士研究生、博士后、MBA及EMBA研究生，包括来自中国香港、中国台湾地区的研究生等，也有各种非学历课程班中接受我论文指导的学生，还有曾接受过我的科研指导或其他学术帮助的年轻人，他们也自认为是我的“编外学生”，其中一些人还长期与我保持着沟通联系。

2013年，我退出研究所的领导岗位后，原计划可以逐步减少需要承担责任的工作，可以继续做一些没有行政责任的事情，可以写写文章，做做讲座，参加些学术会议等。但始终没能卸下所有的行政性职务。相反，2018年5月，我还接受了另一个责任很不轻的职务。据说是经多人推荐，并得到河南省委主要领导的支持，郑州大学校长刘炯天院士和几位副校长（屈凌波、吴宏阳等）多次来北京恳切邀请，希望我担任郑州大学商学院院长。起先我完全谢绝，后来答应可以担任商学院的首席教授，名誉院长，但最后，还是盛情难却，接聘为期五年的商学院院长职务。期间，时任常务副省长翁杰明还与我进行了深入交谈，传递了省委主要领导的关注。最后打动我的理由也许是“学生需要你，你也需要学生”这句话。他们说，你可以带领你的学生，在学校的教学平台上，做你希望做的研究工作和项目，把你的学术探索延续下去，而且培养更多的继承者。校方给我以很大的礼遇和信任，对我的工作“不做任何具体要求”，一切由我自己决定。

2018年5月9日，我正式接受担任郑州大学商学院院长。在全院教工大会上提出以“金字塔”思维，进行学院“一流”建设：即夯实“塔基”，打造“塔尖”。以“胜兵先胜而后求战”的方式，在河南处于中原腹地，发挥历史上的经济核心区域的独特优势，进行教学研究提升工程。第一个项目是，建立与诺贝尔和平奖得主尤努斯及格莱珉银行的合作，聘请其为名誉教授，建立“尤努斯中心”，先激活商学院的金融板块，先行突击试验。接着进行学科新增长点的开拓，创立一个新学科研究基地，将经济、地理、文化因素注入商学，研究各区域、各领域中各类企业家的商业思想，形成系列成果。目标是“让商学研究更贴近，让商学教学更鲜活，让商学人才更适用，让商学理论更深刻”。希望能够构想一个领域，带出一支队伍，建立一个平台，形成一圈网络，创造一片学术新天地。

这实际上也是基于我长期思考的一个问题：现代经济学（管理学）以科学理性（尤其是演绎逻辑）为特征和优长，但现实世界纷繁复杂，同经济学所刻画的世界相差甚远。科学理性当然是经济学的一条主线，一把游刃有余的“金刚钻”，但只此一条主线，一把“金刚钻”就可以揽下实现经济发展的各种艰难“瓷器活”，解释和应对现实世界中的种种复杂现象和问题吗？经济学认为（或假定）人的行为方式（至少在根本取向上）是同样的，企业也是本质相同的（以追求利润最大化为目标），所以，经济学（管理学）的大多数主辅学科，都是以科学理性为底层逻辑基础的。总之，科学理性是经济学（管理学）的逻辑基石。既然如此，那么为什么学好了经济学（管理学）却未必能办好企业？为什么同样具有经济学（管理学）知识的企业家，却会办成各种不同的企业？成功与否，更是大相径庭？各地区和各国家的经济发展也是如此：理论上说，工业化和现代经济发展都以科学理性为主导，人们相信，“相应的经济政策只要得到有效的实施，就会产生同样的效果”，那么为什么各国的表现差异如此巨大，全世界几乎没有两个经济发展表现相同的地区和国家？

可见，经济行为和现象在科学理性之外，定有其他重要的决定性因素，这些因素林林总总，难以归类，通常以“文化”概念所大致涵盖。而在经济学的主体结构中却是将文化因素“抽象”掉的，似乎这才能确保科学理性的独尊和统领。20世纪50年代和90年代，国际学术界曾经对经济发展与文化（价值观）的关系有过研究热情。但经济学界总体反映不很强烈，“多数经济学者不愿意跟文化打交道，其重要原因在于文化涉及定义问题，难以定量，而且作用于非常复杂的心理、体制、政治、地理等等因素的背景之下”。[①]不过，人类发展的历史事实是，经济活动自古有之，而直到近300年来，科学理性才逐渐成为其主导因素。各国、各民族、各地区的“传统文化”因素，具有长久的深刻影响力，特别是到工业化后期以至后工业化时代，文化因素超过资源和技术因素，发挥更深刻持久的影响力。所以，各国各地区必有非常不同的经济发展表现，仅仅用科学理性的抽象逻辑方法是难以解释生活中的真实状况的。

中国正在进入工业化中后期，文化因素的深刻影响将日益显著。所以，经济学和管理学即广义的“商学”，非常有必要致力于对商域文化和商业思想的研究，开拓一个新的学术领域。中国传统商业文化以及各地区不尽相同的传统文化，在工业化初期和中期让位于以科学理性主导的商学思维，是否接受科学理性成为文化落后与先进的标尺。但传统

① ［美］塞缪尔·亨廷顿、劳伦斯·哈里森主编：《文化的重要作用：价值观如何影响人类进步》，新华出版社，2010，第33页。

文化对商业活动（理念、行为、制度等）的影响从未消失，而随着工业化的深度推进其影响将日趋增强。可以说，任何国家，包括西方国家，在接受科学理性的经济学（管理学）思维的过程中，文化传统仍然如同“基因”般深植于不同人群的观念及行为方式之中。人类发展永远不能摆脱文化基因的影响。当然文化基因并非一成不变，而总是处于遗传、继承和变异进化之中。当前，经济学和管理学界应特别重视这一重大和极具价值的问题的研究。

河南地处中原，是中国商业活动、商业地域和商业思想的发源之地，“商国”“商人”“商丘”“商圣”均与河南有缘，河南之“商”对中国经济发展和商业理念具有深远的影响。西方工业革命之后，世界经济发展和商业活动的核心地域转移西方，科学理性精神成为近现代商学的核心逻辑，追求效率成为“中轴原理”，工具理性主导经济发展和商业思想。从此，不符合工具理性主义的观念和行为都被认为是“传统的”“落后的”。但是，地理和文化因素无论是否“落后”，其影响并未消除，相反，以价值观为核心的文化因素深植于人类的思想观念之中，从来就深刻地影响着人们的行为和社会的制度演化。特别是，随着经济发展和工业化的推进，文化因素的作用越来越显著，文化基因发挥着影响甚至决定各区域和各领域中的商业观念、行为、制度以及成效表现的作用。企业家们都是在各种“域境”中创造性地进行商业活动，必然具有各具特点的商业思想，尤其是历经多年商界拼搏，获得成功或者遭受挫折的企业家们，必有深刻感悟，有些人确实可以称得上是“商业思想家”。观察、研究和传播这样的商业思想，是商学教学与研究的非常有价值的“增长点”和拓展空间。

我希望能够以郑州大学给我的机会，创造条件，聚合资源，组织团队，形成全国性以至国际化的研究交流网络，特别是带领学生们，开拓和发展一个跨学科的教学科研领域。

进行这样的学科开拓，我个人的知识储备和能力显然是不够的。特别是地理、文化、历史等知识与我主要从事的经济学研究在方法论和逻辑形式上都有很大的差别。开拓这一研究领域，对我来说是新颖的，也是很有趣的。与具有不同学术背景的合作者们、思想活跃渴望创新的年轻学生们一同进行创造性的科学研究和学术建设，成为一种幸福感受。学无止境，研无止境，创新无止境，让想象力永远能够飞翔，这可以成为学术自传中自始至终的主题。

2018年9月，我在《区域经济评论》上发表了《关于开拓商域经济学新学科研究的思考》一文，作为创立商域经济学向学术界的一个呼吁。该文是关于建立商域经济学及域境商学新学科的学术思考及体系构想。“商域经济学”和“域境商学”是我自己首创的概念，以期界定一个可以进行客观观察和理论研究的学术领域，形成一定学术范式，开拓一个新的学科建设方向。商域经济学及域境商学的基本含义是：以具有一定价值文化特质和制度形态特点的各经济区域或领域内及其相互间所发生的经济现象、商业活动及经营管理方式所为研究对象的学科，并特别关注于研究各商域中所产生的商业思想及其演进过程。按现行的学科分类，属经济学、管理学等的跨学科领域。其中，商域经济学属经济学，是域境商学的基础和核心；域境商学则涉及经济学、管理学、地理学和哲学、社会学、心理学等更宽泛的研究领域。在不导致含义误解并损害学术严谨性的前提下，商域经济学概念可以作为一个简化表达方式，涵盖域境商学。以下部分旨在探讨商域经济学及域境商学的学理基础、体系构想和研究范围。该文分为六节，较深入地展开讨论。

1. 新时代呼唤经济学和商学研究的新拓展

当代中国经济的发展，从1949年新中国诞生起，经由20世纪50—70年代中后期和1978年开始的改革开放40年，到今天的“新时代新征途”的再启程，似乎完成了一个“轮回”过程：起始于极度贫穷落后的战后恢复时期，经历从以实物产品为生产目标到追求物质财富为动力，再从以物质财富增长以至无限追求货币财富的工具理性时代，逐渐转向本真价值时代的到来，即从朴素的“前物质主义时代”，通过推动改革开放的“思想解放”，进入特别强调经济理性的“物质主义时代”。[①]当前，中国社会正在从“亢奋的物质主义”转向“权衡的物质主义”，进而向着“后物质主义”的本真价值时代演进，其具象表现就是从高速度增长阶段转向高质量发展阶段。正是在这样的历史进程中，中国经济学以及管理学（商学）理论也发生着根本性的变革。如果以二十世纪七八十年代的改革开放为界，在此之前的中国经济学和管理学以计划经济思维主导，相信在一个计划中心的安排下，鼓足干劲，力争上游，就可以“多快好省”地实现（以实物

① 金碚：《论经济发展的本真复兴》，《城市与环境研究》，2017年第3期。

量为指标的）社会发展目标。而在此之后的中国经济学和管理学界，全面接受市场经济思维，相信只有遵循市场经济的工具理性原则，让经济行为理性化，才能实现物质财富的增长。尽管关于市场和政府的关系一直是这一时期经济学界和管理学界非常纠结的问题，但接受传统经济学和管理学的基本逻辑则是基本趋向，一般称为“市场取向的经济改革”。因为，除此之外，没有更值得信服的理论逻辑可以支持以消除贫困、发展经济为基本取向的“思想解放”。而且，在那个以摆脱“落后”为主要目标的历史时期，那样的经济学和管理学（商学）理论也“基本够用”。

进入21世纪，当改革开放取得巨大物质成就，而新的矛盾和问题也日益突显时，特别是当中国的社会主要矛盾已经从人民日益增长的物质文化需要同落后的社会生产力之间的矛盾转化为人民日益增长的美好生活需要同不平衡不充分的发展之间的矛盾时，即在中国基本解决了经济“落后”这个最主要问题后，对经济发展质量的关切日益超越对经济增长速度的关切。实际上就是发展目标的偏一性（作为第一要务的经济发展目标压倒性地优先于其他目标），演变为更具多维性（作为第一要务的经济发展目标必须同其他目标相权衡）。[①]此时，人们深切地感觉到，以往那样的经济学和管理学（商学）理论越来越“不够用”了：不仅越来越难以解释丰富的社会经济现实，而且越来越难以指导多维目标下的战略安排和政策选择。特别是，处于进一步全面深化改革

① 金碚：《关于“高质量发展”的经济学研究》，《中国工业经济》，2018年第4期。

和扩大开放的重大历史性抉择关头，各方面的挑战都十分严峻，面临的矛盾非常尖锐，如何以更加适合和有效的经济学和管理学（商学）理论来更新我们的思维，正成为学术界的一个重大问题。尤其是，全面深化改革的方向选择，再次摆到中国的面前，更需要有新思维的引领。深刻审视经济学和管理学的思维方式，进一步开阔研究视角，拓展学科领域，具有非常大的现实意义和紧迫性。

我们知道，“财富”是经济学和管理学（商学）的核心概念之一，如何创造更多财富是经济学和管理学（商学）的中心议题。人类近现代经济高速增长，工业革命的爆发和工业化的推进源于“财富”观念的觉醒，即只有承认追求财富的正当性，才会有近现代经济的高速增长，走上快速工业化道路。那么，什么是“财富”呢？美国经济学家保罗·海恩（Paul Heyne）在其《经济学的思维方式》一书中以比较通俗的语言说：“按照经济学的思维方式，财富就是人们认为有价值的任何东西。”而“价值是选择者眼中的价值。……不同的人可以（也确实）有不同的价值观”。他强调，“经济增长并不在于生产更多的东西，而在于生产更多的财富。……但是，财富的增长和物质产品的体积、重量或数量增长没有必然的联系，我们必须从根本上抛弃‘财富等于有形物质’这一见解。它讲不通，而且会妨碍我们理解生活中的方方面面，比如专业化和交换，而它们正是亚当·斯密所谓‘商业社会’的核心”。[1]海恩的这一理解在学理上是很

① ［美］保罗·海恩、彼得·勃特克、大卫·普雷契特科：《经济学的思维方式》，史晨译，机械工业出版社，2018，第20页。

彻底的，也合乎逻辑，但显然不是推动了近现代经济高速增长（资本主义经济）的那个财富意识，现实经济中的人，并非按照那样的思维来行动。而按马克思的论述，资本主义经济的动力机制就是资本家对剩余价值的无度追逐。资本主义的财富意识是赤裸裸的物欲意识，与“贪婪”几乎同义。这样的理论当然也是抽象的，但确实是具有现实性的理论抽象。

按照保罗·海恩教授等学者所论述的经济学思维方式，“财富”“价值”“价值观”具有内在联系。但这样的定义又是同经济学和管理学（商学）的理论逻辑主线有很大差距的。经济学追求逻辑“严密”“自洽”和论述的“精致”，因而是高度抽象的，一直抽象到假定所有的人在“价值观”上没有区别的，即所有的人都完全按经济理性行事，其行为就像经济学教科书所描述的那样“正常”；管理学尽管比经济学更具象、丰富和务实，但其底层逻辑是服从经济学的，否则就会被认为“不理性”，或偏离正常。尤其是当经济学和管理学在“高深”的学术研究领域，关于“财富”“价值”和“价值观”的定义（假设）实际上是相当任意和武断的，几乎被断定为可以用一个最大化或最优化函数形式来表达。这样，它实际上就非常接近于上文所提及的资本主义财富观，或市场经济原教旨价值观，即抽象掉了所有的价值文化因素，而只留下赤裸裸的“经济理性”，也就是马克斯·韦伯所说的“工具理性”抽象逻辑。在我们的高校中所讲授的经济学和管理学内容，基本上都置于这样的学理逻辑之上，并往往以精致复杂的数理模型为包装，使之“完美”化。经济学和管理学的学术论文也大都沿着这样的思维轨迹，涌向“核心期刊”。

以这样的经济学和管理学理论作为思维方式和思想武器来应对中国和世界的复杂现实，难免“尴尬露怯”，往往会“捉襟见肘”，形式似乎很精美，但离现实却相当遥远，就像是“象牙塔”与真实建筑物那样不可同日而语。不过，实际经济活动和管理实践倒并不因经济学和管理学理论的不适应而无法进行，现实经济活动从来没有因此而“停摆”或混乱，而是仍然生机勃勃，不失秩序。因为，实践者们总是以自己的观察和理解来随机应变地应对复杂情况。既然现实复杂多变，那么，应对之策必定是“管理无定式”，即每一个企业家都有自己独特的“商业思想”和解决问题的独特方式。几乎可以说，管理的规律就是没有一定的规律。甚至如凯恩斯所说，市场经济的行为规律类似于彩票，无人可以有百分之百的胜算把握。

不过，实践家有实践家的招数，理论家也有理论家的使命。如果经济学和管理学不能与时俱进，贴近现实，提供思想养分，实践者们终将十分困惑。我们可以看到，经济学和管理学学科专业几乎成为高校招生中最高考分的生源聚集地之一，MBA教育长盛不衰，反映了一种社会性渴望：获得有价值的经济学和商学知识，以求解疑释惑，提高能力。2018年是中国改革开放第40年，正应了孔夫子所说的“四十而不惑”：新时代呼唤经济学和商学研究的新拓展，走向不惑之路。因此，开拓商域经济学及域境商学的学科研究，致力于形成一个新的学科或新学科群，是摆在经济学和管理学（商学）研究和教学者们面前的难以推卸的历史性使命。

2. 经济学的“阿基里斯之踵”及其在经济现实中的弥合

经济学被誉为社会科学“皇冠上的明珠”，是因为它的理论体系具有严密的逻辑一致性，只要承认它的“假设”前提，就可以运用演绎逻辑十分严谨地推论出整个学术体系，也就是说，经济学体系具有难以挑剔的理性主义特性，只要假定“其他条件不变”，其推论结果不容置疑。那么，经济学果真是如此的吗？其实，在完美的形式逻辑外观下，经济学也有其内在逻辑缺陷，不仅在逻辑推演中过度依赖于“假定”条件，而且有的假定是脱离现实甚至无视现实的，为了贯彻工具理性而往往丢失本真价值理性。也就是说，经济学作为以演绎逻辑为主线的推理表达体系，实际上是存在“逻辑断点”的。我们可以从经济学底层逻辑的假定和推论来看看经济学的“阿基里斯之踵”。

第一，经济学假定人总是会选择一定手段来从事有目的的活动，即人的行为是有目的性的。这可以简称为“目的”假定。

第二，从以上假定推论：既然人性具有目的性，那么人的行为目的一定就是追求个人效用最大化，即人是自私的，他们总是进行收益与成本的权衡与优化，期望实现个人利益最大化。这可以简称为人性“自私”假定。

第三，从自私假定推论：自私的人追求个人效用最大化，总是体现为追求收入（或财富）最大化，即人性从“自私”被推论为“爱财”，即所谓“人为财死鸟为食亡”；并且假定人有能力进行理性计算，即人人都是精于计算的利己主义者（一般假定为以货币为计算单位，不考虑难以用货币计算的因素，即是精明的“财富”追逐者）。因为，从逻辑上说，如果人只是“爱财”而不会“算财”，那么“爱财”也是没有意义的。这可以简称为理性的“经济人”假定。

第四，从自然人的经济人假定直接推论出：作为法人的企业也一定是以利润最大化为唯一目标，即企业也是“经济人”，而且比自然人更强烈地具有工具主义的经济理性。这可以简称为“利润最大化”假定。

第五，从经济人和利润最大化假定推论（以一系列严格的条件假定为前提）：在如同“空盒子”般的市场空间中，自由市场竞争机制（如同一只看不见的手）可以保证实现社会福利最大化，即完全自由市场竞争可以实现社会福利最大化的“一般均衡”，至少在趋势上是如此。这一般称为“新古典经济学”假定。

在通常的经济学分析中，以上五个假定都是很“自然”的，而且是必不可少的，舍此就无法（从分析技术要求上）保证经济学的逻辑一致性和推理的自洽性。但是，深入思考就不难发现，从上述第一个假定到最后的推断，每一步推论其实都是相当勉强的，甚至是很武断的。因而可以看到，经济学的抽象体系中实际上存在明显的逻辑断点，导致抽象的经济理性（从假设到推论）同现实世界间的明显不合。

关于第一个假定。人的行为是否有目的，取决于如何定义“目的”。如果将“目的”定义为任何“想要的东西”，那么，动物的行为也是“有目的”的。如果将“目的”定义为“具有合理性的想要的东西”，即假定人可以区别“合理目的”和“不合理目的”，前者为“理性”，后者为“非理性”，人的行为目的性体现为追求合理的目的，即假定人具有“理性思维能力”，那么，关于人的行为目的性假定就不是一个无须证明的“纯粹理性”假定前提，即它本身是需要证明的，并不具有公理性，因而对其是否真实可能产生各种争议。显然，以此为支点，经济学的逻辑基础并非无懈可击，坚不可摧。不过，我们可以暂且承认它的“公理性”，不要陷入关于人是否“理性”的争议。

关于第二个假定。从人的行为“目的”假定，为什么就可以推论出人具有个人主义的“自私”本性呢？人性注定是自私的吗？自私是人的唯一理性表现吗？关于人性，学术界已有很多研究，形成各不相同的观点主张。从现实中可以看到，人的自私和无私、利己和利他的行为表现是非常具象化的，利己自私并非“天经地义”。因此在经济学和管理学的学术研究中，关于“人性假设”有各种理论，除了最抽象的“经济人”假设之外，还有“资本主义人”“社会人”“自动人”（自我实现人，self-actualizing men，由马斯洛提出）、“复杂人”等多种理论观点。在现实中，更是存在着各种不同价值取向和行为偏好的人，一些人可能倾向于“经济人”或“社会人”，另一些人可能是难以类分的“复杂人”。可见，关于人性的假定，经济学的逻辑基础也并非无懈可击，坚不可摧。不过，承认人的自私性，而抽象掉其他特性，是一般经济学和管理学学术体系不易改变的性质。本文将讨论商域经济学的学术特性，认为采用“复合人”假设，可以具有更大的学术包容性（见后述）。

关于第三个假定。从自私假定推论出“经济人”假定，实际上是在人的个人主义自私性中加入了“经济理性”。而在市场经济制度中，经济理性具有高度的工具理性倾向，即目的与手段的反转：原本的工具（手段）因素反转为目的因素，原本的目的因素反而成为追求工具性目标的手段。所以，收入、财富等成为“经济人”最具显示性的利益最大化目标，而真正的有用之物反倒成为获取和积累个人收入和财富（物质的和货币的）的手段。而且，假定经济人具有精于计算的能力，就必须将收入和财富等工具性目标抽象化为可以货币计量的数值（不货币化就难以比较价值的大小）。这样，经济人行为就被抽象化为“贪婪地”和无限地（最大化地）追求可以用货币单位计量的“财富”。很显然，这样的假定是非常任意和武断的，在现实中根本没有这样的“经济人”，除非是在文学作品中。更没有人会承认自己是这样的“经济人”，甚至可以说，如果真有这样的“经济人”，他在现实中也是无法生存的，因为没有人可以接受和容忍这样的人，更没有人（或企业）愿意同其交往合作。如英国经济学家约翰·凯伊所指出的：“总体来说，极度贪婪的个人长期来看不会成功，因为在复杂的现代经济中，成功需要与他人的合作。最优秀的商业领袖比起金钱更关心事业。”[①] 不过，经济人假定仍然是经济学和管理学的一个方便的工具（假定），如果完全抛弃经济人假定，经济学和管理学的逻辑体系就会变得极为复杂，难以形成内在的和形式的逻辑一致性。可以说，经济人假定只是经济学追求逻辑自洽性的一

① ［英］约翰·凯伊：《市场的真相：为什么有些国家富有，其他国家却贫穷？》，叶硕译，上海译文出版社，2018，第14页。

个权宜之策，或“次优选择”。

关于第四个假定。从自然人的经济人假定直接推论出企业行为的“利润最大化”目标假定，更是非常武断的。企业是法人，本身并没有可以感觉的利益得失，它们既不会因盈利而快乐，也不会因损失而痛苦，为什么要以利润最大化为目标？当然，企业的所有者会特别关切企业利润，但绝大多数企业是由各类参与者或利益相关者组成：除了所有者，还有管理者、生产者等。企业利润同所有者、管理者及生产者的利益关系是很复杂的。即使是所有者也未必关切利润最大化，而可能更关切企业净资产最大化，甚至是企业的“估值最大化”（即使是利润为负也无关紧要）。而管理者和生产者更有其自身的利益目标。由这些并不以利润最大化为目标的人所组成的企业，为什么会以追求利润最大化为目标呢？企业利润与各利益相关者利益是什么关系？如果坚持逻辑一致性，那么，既然企业目标是利润最大化，即以最小投入获得最大收入，那么，管理者和生产者也同样应是以自身利益最大化为目标，即以尽可能少的工作获得尽可能高的工资及其他更好的待遇。这样的企业能有竞争力吗？除非否定逻辑一致性，即假定企业以追求自身利益最大化为目标，而自然人的行为目标则或主动或被动地（被激励）也追求企业利润（而不是自己的利益）最大化，实际上就是认定这些利益相关者都能达到目标一致，否则就很难摆脱上述矛盾。但如果这样，那么从逻辑上说，实际上就是主张：企业法人具有利己行为，而自然人却具有利他行为（无论是自愿的还是被动的，或是由“激励相容”的某种方式所导致的）。这是一个多么难以理解的逻辑构建！但却是一般经济学和管理学所尽力描述并“追求”的图景。

关于第五个假定。新古典经济学假定，严格来说这已经不是假定，而是在假想的“空盒子”般的市场空间条件下，由假想的原子般的自利经济主体（个人或企业），进行最优化理性决策的推导结果。这并没有公理性，可以说只是一种学术理念或“信仰”。不过，新古典经济学的逻辑是基于上述各个假定之上的，是上述各假定以及据之进行的推论结果。因此，学者们对新古典经济学的批判，也大都从上述理论假定入手。例如，诺贝尔和平奖获得者、孟加拉国经济学家穆罕默德·尤努斯教授说：“新古典经济学理论的基础是相信人是自私的，它认为最大化个人利益是经济理论的核心。……许多经济思想家认为，自私甚至不是问题，事实上，它是‘资本主义人’的最高美德。”“我不愿意生活在一个自私至上的世界里。但经济理论的深层次问题是，它与现实脱节如此严重。值得庆幸的是，在现实世界中，几乎没有人表现出支配着‘资本主义人’的绝对自私。”他认为，“真实的人是多品质的综合体。他享受并珍惜与他人的关系。真实的人有时是自私的，但他们常常表现出关心、信任和无私。他们不仅为自己赚钱，而且想使他人受益。他们造福社会、保护环境，并给世界带来更多欢乐、美好和爱。”“大量的证据能够证明利他主义的存在。”即使是“在商业世界里，尽管你可能认为资本家是至高无上的，但是无私和信任的美德也起着至关重要的作用”。[①]他进一步说，“现行资本主义制度最根本的原则是这一制度只支持一个目标，即对自我利益的绝对自私的追逐。因此，只有围绕这一个目标设计的企业才能得到制度的承认和支持。然而，全世界有数百万人渴望实现其他目标，比如消除贫困、失业和环境恶化问题。……而这就是社会企业与传统企业的不同之处”。“如在发达国家和发展中国家都已存在的成功案例所示，社会企业的经济学逻辑是简单并自洽的。”尤努斯将所称的“社会企业（social business）”定义为“解决人类问题的非分红公司”。[②]

许多学者试图通过复杂的逻辑推理和所谓思想实验来弥合经济学体系的逻辑断点，但是诺贝尔经济学奖获得者、美国经济学家弗农·L.史密斯说，“我已经证明了，经济中的理性依赖于个人行为，它是建立于文化规范及随着人类经验与社会发展而自然出现的机制，而并不是最终来自建构主义的推理”。[③]

不过，尽管经济学理论体系存在上述“逻辑断点”，但在现实中它仍然是人们从事经济活动的思维起点或参照系（无论是赞成还是不赞成），而经济实践中所做的各种努力实际上都是在承认这一思维起点或参照系的基础上，尽可能实现经济

① ［孟加拉］穆罕默德·尤努斯：《普惠金融改变世界：应对贫困、失业和环境恶化的经济学》，陈文、陈少毅等译，机械工业出版社，2018，第10、11页。

② ［孟加拉］穆罕默德·尤努斯：《普惠金融改变世界：应对贫困、失业和环境恶化的经济学》，陈文、陈少毅等译，机械工业出版社，2018，第21、32、33页。

③ ［美］弗农·L.史密斯：《经济学中的理性》，李克强译，中国人民大学出版社，2013，第249页。

学逻辑断点的衔接，从而使现实经济顺畅运行。而从根本上说，最重要的就是必须依靠各种“价值文化”因素和手段（价值文化可以体现为各种正式或非正式的制度，显性或隐性人际交往关系），以弥合经济学抽象逻辑之断点。但是，一旦引入价值文化因素，实际上会使经济学的抽象逻辑（特别是“假定”设置）面临直接挑战，甚至使其成为“错误”，即承认传统经济学所依据的基本假定本身是与现实情况严重不符合的（实验经济学家则试图以心理因素的作用结果来检验抽象逻辑的理性推断）。总之，经济学所依赖的假定与现实世界确实存在明显矛盾。最明显不过的就是，经济学假定人人都是自私的，但在现实中，很少有人认为自己或认定其他人都“自私”；经济学假定只有自私的人和自利的企业才能生存和发展，但在现实中，自私的人和自利的企业是难以被接受的，因而是严重缺乏持续竞争力的。因此，实践者们时时面对和必须努力弥合两个无法回避的悖论：

第一，经济学悖论：经济学假定人与人、企业与企业在本质上是一样的，他们的决策方式同样遵循经济学所论证的以自利性为前提的“最优决策”原则[①]。但是在现实中，却没有两个完全相同的企业，企业本性在于“创新”，创新的实质是“与众不同”。“与众不同”与“最优决策”的理性要求如何实现逻辑自洽？

第二，管理悖论：即如上文所述，个人（自然人）经济

① 也有经济学家提出对“最优决策”的挑战，提出“次优选择”“可以满意的目标”等理论，但其基本逻辑在实质上是相同的，只是在最优决策函数中引入了其他制约因素，例如决策成本、信息成本等。

人与企业（法人）经济人的自利难以同时为真。管理学力图以各种“激励相容”制度安排或科层组织的“命令控制”方式设想，来应对悖论挑战。现实经济中的管理者则运用各种具有特定价值文化特点的方式来弥合悖论，使相互冲突的目标可以相容。

从这里出发，我们就走进了商域经济学及域境商学的研究领域。它的哲学思维方式则是如马克思所说的，相信“人的本质并不是单个人固有的抽象物。在其现实性上，它是一切社会关系的总和”。[①]

3. 商域经济学的逻辑基础和学科特征

在现实中，所有人都不是生活在微观经济学和宏观经济学所描绘的抽象世界中，而是生活在一定的实际域境之中，即“一切社会关系的总和”映射下的某个局部世界里。人们的经济活动总是发生在具体“商域”之中，他们的各种感受和行为方式也都形成于特定商域，而不会有抽象人性所决定的抽象经济关系和经济现象。也就是说，人类的一切经济活动都是“商域”性的，抽象的经济现象和商业活动在现实中并不存在的（而只是存在于人的思想中），即使是非常接近抽象经济理性的经济现象和商业行为都是很少见的。

商域是指具有一定价值文化特征和特定制度形态规则的商业活动区域或领域。商域经济学是研究不同商域中的经济关系和经济行为的学科。而域境则是指一定商域内的自然地

① ［德］马克思：《关于费尔巴哈的提纲》，《马克思恩格斯选集》（第一卷），人民出版社，1972，第18页。

理和经济社会境况。一定域境中存在的人群总是具有一定的价值文化特质，也可称为域境文化或商域文化。如何进行不同商域的划分，即商域分类，是一个需要专门研究的问题。

由于在经济学理论体系中引入了价值文化因素，商域经济学假定，在不同商域间，人群的价值文化特征是不同的，对同一人群从不同角度观察（在不同的境况中）也可能很不同，即商域人群总是具有不同层面的特征差异性（这也意味着，在同一商域中的同一人群，具有价值文化的某种相似性）。可以说，真实的人是各种因素或各方面条件决定或影响下的“复合”体，真实的人群更具有区别于其他人群的复合性特征。按照商域经济学的学术逻辑，“复合人”假设，更能体现其学科性质，更具学术包容性。商域经济学研究方法如同是一面“多棱镜”，致力于分辨不同域境中人（或人群）的特征“光谱”，并以此进行经济学及商学关系和现象的多视角观察和研究。

复合人假定认为人与人、人群与人群之间既有差别也有共性，因而可以按不同的复合层面进行分类，在一定的商业情景或制度规则下，不同的人是“类同”甚至“整齐划一”的。但在另一些复合层面上，或在另外的商业情景或制度规则下，不同的人或人群可以另外的标准划分为不同的“类别”。例如，在一定的情景下，人是“自私的”，但又是“不自私的”；在另一情景下，人可能表现出另一种“自私”和“不自私”，或“利己”和“利他”。难以绝对地将人区分为“自私”或“不自私”，因为在不同的情景中，甚至从不同的角度观察，人充当不同的“角色”时，其“利己”和“利他”的表现分类都可能是很不相同的。也就是说，商域经济学承认人性具有多面性（既不是完全抽象的，又不是杂乱无形的），而以其多面特征形成了“复合人”性质。

基于其学术包容性特征，商域经济学承认经济理性的“经济人”假设即“人与人本质相同”的部分意义，也承认“社会人”和“自动人”以及“复杂人”关于“人与人不同”的部分主张。不过，商域经济学的“复合人”假设，更强调从不同的层面对人群的“分类”研究，因此，在承认“人与人不同”的前提下，探寻在各种域境中，人与人之间的类同性，观察特有的“人群共性”，以及具有各自“共性”的不同人群之间的异同。

所以，商域经济学的逻辑基础，既是抽象和演绎的，同时又是具象和归纳的。其抽象性和具象性的协同，形成对人和人群的经济行为的独特观察角度和分析方法。

如果我们同意“财富就是人们认为有价值的任何东西”“价值是选择者眼中的价值”和“不同的人可以（也确实）有不同的价值观”这样的思维方式，并将其“商域化”，那么，观察和研究不同商域（区域或领域）中人们的“所思、所言、所行”，就可以揭示他们的价值观及其对获得经济发展成果（或结果）的影响。

关于所思，可以借用笛卡尔的名言：“我思故我在”。人所进行的一切商业活动均发端于某种想法，而想法总是受到各种因素的影响，有习俗性、信仰性、继承性，也有创造性、变异性、演化性。思维方式是一定商域的价值文化特征的深层内核，是何以为“我”的内因。

关于所言，可以说“无言不商业”。在一定意义上，“商业就是商议之业”，沟通、承诺、议价、交易、信用，无不基于言语之上。如何言说，即表达方式，是各商域的价值文化特征的重要表现之一。

关于所行，可以说“商业既是科学思维也是行动的艺术”。商业具有规律性，也具有“创意”性，又是最务实的。所思所言，归根到底落实和体现为所行，听其言最终还要观其行。

在不同商域中，作为“复合人”，人们的所思、所想和所行，即想法、说法和做法，是很不相同的，而且，不同人群的想法、说法和做法之间的关系也是有很大差别的：“心口如一”“言行一致”以及“知行合一”等从来都不是绝对的，现实中的人总是存在不同程度的“口是心非”“言行不一”和“知行分离”表现的。可以观察到，在各商域中，对于在多大程度上允许所思、所言、所行的一致或分离，也是有不同的制度规则和道德标准的。也就是说，对于“言论自由”（即想什么说什么）、“为所欲为”（怎么想就怎么做）、“言必行，行必果”（说到做到），总是有尺度限制的，从强制限制到自我限制是文明进步的体现，“自律”（即对言行的自我限制）在各文化圈中都被认为是重要美德。

在不同商域中，不同的思、言、行特征，以及思、言、行之间的关系特点，反映了各自的价值文化特征。在经济活动和管理实践中，价值文化和经济理性共同发挥着决定性作用。这导致了各商域中人的行为表现以及习俗和制度的各色特点，例如：坦直、信任、诚实、透明、圆通、谋略、自律、兼利、包容、严明、守则、变通、分界、疏通等。这就是商域经济学的基本逻辑，这一基本逻辑不仅是构建商业经济学学术体系的学理基础，而且是发展域境商学的基本思路。需要指出的是，承认价值文化的重要性，并不是断定具有不同价值文化特征的人群（商域）注定会有可以接受或不接受经济理性的根本差异，即承认文化差异并不是主张文化歧视。如美国经济学家戴维·兰德斯所说："所有各种宗教信仰和不信教的人都可以成为理性、勤奋、有条理、讲实效、整洁和严肃的人。他们不一定都是商人。在各行各业，人们都可能展现出这些品质并从中获益。"[①]价值文化的差异，会影响经济理性张扬过程的模式形态，导致经济发展和商业进步过程的商域特色。

在价值文化中有一个特别值得重视的问题是，各商域的社会道德状况，如果没有一定的社会道德环境，单纯的经济理性是根本无法存在的。商业活动具有社会性，涉及广泛的利益相关者，其行为总是具有程度不同的"外部性"，即对其他人产生正面或负面的利益影响。所以，任何商域中都必须要有一定的"商德"环境来进行社会人群的利益关系调节。在不同的社会道德环境中，人的所思、所言、所行因其影响而不同，而对社会道德环境的最低限度要求，是具备能够支持经济理性存在所必要的最低限度道德条件。正如保罗·海恩教授所说，解决外部性造成的问题，要依赖于"公民体谅、礼貌、谦虚和容忍的美德。如果一个民族没有足够

① ［美］塞缪尔·亨廷顿、劳伦斯·哈里森主编：《文化的重要作用：价值观如何影响人类进步》，程克雄译，新华出版社，2010，第58页。

多的这些美德，文明是不可能存在的；如果人们坚持一定要得到他们认为有权得到的任何东西，文明就会让路给战火”。[①]社会道德环境是影响各种不同商域中经济现象和商业活动的重要因素，是各种正常经济行为和商业活动赖以发生和进行的必要条件。也就是说，如果没有一定的价值文化及作为其重要体现的社会道德背景，商业文明和有序经济行为是无法存在的，正如保罗·海恩教授所说的，如果那样的话，“文明就会让路给战火”。总之，经济活动和商业实践是不可能脱离价值文化及其体现社会道德环境而以赤裸裸的经济理性方式而存在的。

与经济理性相关，同时也是作为经济理性存在的必要条件的现实因素，是制度规则。商业活动总是在一定的经济体制和政治制度中进行的，不同的政治经济制度对商业活动产生着非常重要的影响，而制度安排本身也会受到社会价值文化的深刻影响，在一定意义上确实可以说，文化是制度之母。对于这方面的内容，无须赘述，就可以得到大多数人的认同：制度是重要的。

我们将经济理性、价值文化（及其体现的社会道德）和制度形态的特质，统称为各不同商域的“文明型式”[②]（对于较小的商域，可以称为“文化类型”）。这就奠定了商域经济学的学理基础和学术逻辑。即经济理性和一定的价值文

① ［美］保罗·海恩、彼得·勃特克、大卫·普雷契特科：《经济学的思维方式》，史晨译，机械工业出版社，2018，第218页。

② 表达商域的差异性使用“型式”（pattern）这一概念，是为了强调其含义是，各商域间的异质性不仅仅是外在的（形式性的），而且更是内在的，具有显著的类型特性。

化及制度形态互动交融表现为各商域的文明型式，这是商域经济学最基本的学术特性。商域经济学假定商业活动受经济理性、价值文化和制度形态三方面因素的决定和影响，经济理性的逻辑具有内在一致性和抽象性，而价值文化和制度形态则具有丰富性、复杂性和多元性。因此，商域经济学既具有逻辑严谨性，也具有内容丰富性，不再是“一门沉闷的科学”。卓越的企业和企业家，既遵循经济理性，又适应域境条件，弘扬价值文化，并在此基础上进行重大创新，以独特的商业思想，成就商业业绩。而所谓商业思想，其实质是：在一定商域中进行商业活动的思维逻辑和创新想象，从学理上说，就是以独特方式解决或弥合体现为经济学悖论与管理悖论的经济学逻辑断点。

4. 从商域经济学到域境商学研究

经济学家约翰·凯伊指出：“如果没有政治、社会和文化环境的支持，协同工作、共享信息、协调经济活动，以及个人和商业行为之间的互信，都不可能存在，而这些是复杂的现代经济运行过程中不可或缺的。”他提出了“嵌入式市场”的观点，即认为，市场过程（制度）“嵌入社会环境才会起作用”“市场的胜利，是一种机制在社会、政治和文化中发挥作用所产生的胜利”。[①]借鉴他的观点，我们也可以说，各种商业成就，都是在社会、政治和文化环境中进行理性的和创造性的努力而取得的成就。不同的社会、政治和文

① ［英］约翰·凯伊：《市场的真相：为什么有些国家富有，其他国家却贫穷？》，叶硕译，上海译文出版社，2018，第14、22页。

化环境体现了各种文明型式的基本特征。

如前所述，经济理性是商域经济学的底层逻辑出发点，并是其理论体系的逻辑主线之一。基于经济理性，商域经济学才有基本的逻辑依托，经济现代化也总是体现为经济理性化的进展。而在现实中，各国各商域中的经济和商业发展，特别是进入现代经济发展进程，其基本逻辑都是传统价值文化与经济理性相衔接，通常是价值文化即社会观念的“革命”或“解放”，使得经济理性得以张扬，居主导地位，从而导致商业活动兴旺，国家（地区）进入现代经济增长过程。至于什么样的文明型式更适应于接受经济理性，经济理性如何融入或嵌入具有域境文化特征的商域中？正是商域经济学首先要致力于研究的基本理论问题。

按照我们的定义，文明型式主要体现在经济理性、价值文化和制度形态三个方面。在不同文明型式的各商域中，经济理性表现出种种“变形”状态，“价值文化”和“制度形态”对其产生了全方位渗透性的深刻影响。例如，关于人的动机，不同人群（商域中）的价值观各有不同，对于如何界定“己”和“他”，如何对待“利己”和“利他”，判断利益的眼界长短等，各文明型式中都有不同的表现。再如，基于不同的价值观，在认识和判断“什么更重要”或“什么更有价值”上，各文明型式的商域中，也会有很不同的表现，即所谓“理性”是各有不同的。特别重要的是关于工作的理性，更倾向于“为生活而工作”还是“为工作而生活”，或者“为工作而工作”？这关系到对劳动（或工作）的价值判断，影响人的勤劳程度。如果认为某种劳动方式是人的本能需要，即为了实现人的能力而劳动，则劳动本身具有正效用，进行这样的劳动通常具有弱报酬动机，即不计报酬多少而自愿劳动（特别是创造性工作）；如果认为某种劳动方式是谋生需要和手段，是迫不得已的，即为了生存和改善生活而付出劳动，则劳动本身具有负效用，是一种“辛劳”，进行这样的劳动通常具有强报酬动机，即必须计算获得多少报酬才能够补偿所付出的“辛劳”，否则就是“不公平”。对于工作理性的理解和思维方式，在商域经济学研究中具有根本性的意义，它是人的价值观和行为动机的内在心理基因。社会学家认为，人类文明的进程，不仅是“社会发生”过程，也是“心理发生”过程。如果把文明进程视为人类理性化的进程（认为文明的人比不文明的人更理性），那么，“这种理性化的进程和全面的文明进程一样，其本身既是心理现象，也是社会现象”。[1]

不同的价值文化和制度形态当然有其存在的“理性”逻辑或哲学解释（说明什么因素决定了各种文明型式的差异），国家、民族、哲理、信仰、宗教、地理、历史等各种因素都会成为文明型式中的“基因”要素。深入和广泛地进行研究，商域经济学就越出了经济学范围，进入了多学科领域，即扩展为域境商学。当然，除非进行专精的纯学术性探讨，我们没有必要对商域经济学和域境商学做绝对的划分，就像经济学和商学并无绝对的界限一样。

从商域经济学扩展到域境商学的研究路径，体现了从

① ［德］诺贝特·埃利亚斯：《文明的进程：文明的社会发生和心理发生的研究》，王佩莉、袁志英译，上海译文出版社，2013，第520页。

抽象到具体，从一致性到多元化，从因果决定论到演化论的基本趋向。例如，经济学研究从“企业同质”和“企业无文化”（实际上是抽象掉的文化因素）出发，逐步深入到认识和研究“企业异质”和“文化多元”。管理学研究从“企业本质相同，管理须规范化”出发，逐步深入到“没有完全相同的企业，管理无定式”。

按照这样的研究路径，对各商域中的经济和商业活动的观察也大体遵循这样的趋向。例如，各国近现代经济发展（指进入了工业化进程后），初期的表现具有较显著的型式共性（钱纳里等学者称之为经济发展的“标准型式”），实际上就是接受经济理性主导的发展阶段（通常称为“物质主义”时代）；而到了现代经济发展的中后期，特别是进入工业化后期，世界上再没有完全相同的国家工业化表现，几乎每一个国家都是一个具有显著独特性的商域。因为除了地理因素外，价值文化、社会道德和制度安排所发挥的作用越来越显现出来。人们会发现，文明型式的决定性作用如此“顽强”地体现在各商域的经济发展和商业活动中，即使人们认为其中的有些影响是“不合理”“不理想”的，甚至是“落后的传统力量”或“落后的传统观念”，但是，就像人不可能拽着自己的头发把自己拎离地面一样，站在特定文明型式的基础上很难让经济和商业活动脱离商域价值文化和制度形态的深刻影响。

当然，重视文明型式特别是价值文化的重要性，并不是主张传统文化决定的宿命论。如美国经济学家迈克尔·波特所说：“我们看到某些信念、态度和价值观有助于繁荣和促进繁荣。最关键的是人们对于繁荣的基础所普遍持有的信念。个人和企业对自己取胜之道的见解，强有力地影响到他们的态度和经济行为。能支持成功经济发展的最基本的信念，大概就是相信繁荣是取决于生产率，而不是依靠资源控制、经济规模、政府优惠或军事力量；相信生产率范式对社会有益。”[①]而有助于促进经济发展和繁荣的信念、态度和价值观并不专属于哪种文明型式。而且在社会经济发展中，人和社会的价值文化也是演变进化的。是适应生产率提高，还是妨碍生产率提高；是接受和促进经济理性的张扬，还是同经济理性背道而驰，扭曲社会经济发展轨迹，阻碍文明进步；情况千变万化，各种文明型式各具优劣势。

研究商域经济学和域境商学，就是要在深刻认识各商域中经济理性和价值文明及制度形态的互动交融中所产生的商业成就和阻碍因素的基础上，探寻现代经济发展和商业进步的可行道路，通过对各商域中经济发展和商业活动的比较研究，发现共性，分析特色，借鉴经验，形成新的学术思维和分析方法，为促进各商域经济发展和商业进步，启发改革思想和变革主张，发挥积极作用。为此，商域经济学需要进行基础性理论探索，更可以在具有应用价值的研究领域中，对涉及商业活动的各类专门问题进行探讨，取得有益成果。例如，商业实践中如何处理“在商言商”与价值观导向的关系、优秀的商人通常有哪些共同素质、不同的商业思想在商业行为中的表现、商业创新所形成的可行商业模式、不同商

① ［美］塞缪尔·亨廷顿、劳伦斯·哈里森主编：《文化的重要作用：价值观如何影响人类进步》，程克雄译，新华出版社，2010，第67页。

域（国家或地方）中政府（规管当局）对商业活动的管制方式特点及其对商业行为的影响等。

商域经济学和域境商学都是体系开放，具有极大拓展空间的学科。并与其他相关学科发生着相当密切的联系，可以形成跨学科和协同性的研究课题，也可以形成若干分支学科，进行多方向的学术开拓。商域经济学和域境商学的研究成果可以渗透于经济学和商学各学科（及各分支学科）中，体现出它既具有基础理论性，又具有专业应用性的突出特点，也对其研究者提出了既要具备理论思维的深刻性，也要有分析现实的洞察力的要求。因此，商域经济学和域境商学需要有庞大的研究团队，具有不同学术专长的学者和研究者，在各个相关学术领域，从不同的学术视角，多方位地进行研究探索。也需要更多经验丰富的实践者的积极参与。商业实践是产生商业思想的主战场，中国改革开放40年，在市场经济中摸爬滚打数十年的中国企业家们，对于商业思想在商业活动中的决定性意义更有切身感受，将他们的所思、所言、所行，记录升华，可以形成中国商业思想研究的宝贵财富。所以，商域经济学研究和学科建设特别需要更多具有丰富实践经验和深切感悟的企业家们的参与。他们对于各商域中的经济理性张扬和文明型式特质及其演化过程，曾经亲力亲为，耳闻目睹，成败得失，铭记于心。经历沧桑变迁的企业家们，可以将自己一生从业经商的“酸甜苦辣”感悟，现身说法，为商域经济学的建立和发展做出特殊的贡献。

5. 主类商域和特殊商域

按照我们的学科定义，既然商域经济学及域境商学的研究对象是："以具有一定价值文化特质和制度形态特点的各经济区域或领域内及其相互间发生的经济现象、商业活动和经营管理的规律和型式"，"并特别关注于研究各商域中所产生的商业思想及其演进过程"，那么，它的研究对象既可以是客观现实（现象、活动、规律、型式等），也可以是精神现象（思想、理念、价值观、经验等）。所谓商域，是一个相对性概念，是指具有显著特性的特定区域或领域，特定商域中的人群进行经济和商业活动，通常表现出一定的相同倾向，并深刻影响着该商域的经济运行和商业活动，使之具有区别于其他商域的独特性。"商域"的含义可以是指"区域"，也可以是指"领域"。其划分（或类型）可以是主体性的，例如，国民、民族、种族；也可以是空间性的，例如，国家、地区、城市、乡村；可以是观念性的，例如，信仰、文化、宗教；也可以是制度性的，例如，各类经济体制、特殊制度安排等。总之，着眼于类别划分，"域"可以被简单理解为"一定范围"；"商域"就可以被简单理解为"一定的经济和商业活动范围"，而所谓"范围"是可以根据研究需要而进行界定的。

商域经济学的研究对象主要是商业性经济活动或现象。商业性经济活动或现象，以经济理性为主导，其目标导向致力于（或倾向于）营利，一般称为"传统企业""营利性经济"。我们将这样的商域称之为"主类商域"，由于主类商域更大程度上体现了商业活动的共性，也可以称为“一般商域”。所谓主类商域不是一个商域，而是具有一般性质的多种（多个）商域的集合概念。在主类商域的各个不同商域中，主体人群和经济主体（企业），由于价值文化的深刻影响，对于经济活动及企业的社会性责任会有不同的理解，并显著地影响其行为。值得注意的是其中的一些优秀企业家，希望把“传统企业”办成“伟大企业”，实质上就是超越了经济理性（追求盈利）而致力于实现“改变社会”或“造福社会”的宏大目标。

定义“主类商域”或“一般商域”的概念，其含义意向并非是指经济活动和商业行为具有共性的商域，而是指具有不同价值文化特点，可以划分为不同文明型式或文化类型的各个商域。也就是说，商域经济学的理论假定是“一般商域并不一般”“属于主类商域的各个商域均不相同”。研究各个不同商域的特性，是商域经济学的主要着力方向。总之，商域经济学主要不是关注各商域的共性，那是一般经济学和一般商学的主要研究方向。

在主类商域的研究领域中，可以重点研究：（1）世界商域，包括以全球大“文明圈”划分的商业活动圈、各国各民族的商业活动圈，以至（全球化）跨国商业领域等。由于工业革命发端于西欧，所以西方商域及其演化过程和扩展形态具有重要的研究价值；而当前特别值得研究的是“一带一路”沿线国家的商域经济学问题。（2）中国大陆商域，包括中华商域（东方商域）的演化过程和基本格局，以及被称为“晋商”“豫商”“苏商”“浙商”“粤商”“徽商”“闽商”等中国各地区的商业活动。各民族地区的经济和商业活动是值得商域经济学着力研究的重要领域。民族经济学是与商域经济学密切相关的学科。另外，进入中国的外国企业也形成一定的商域；大陆台商也是一个值得研究的商域。（3）海外华人商域，包括港商、台商、澳（门）商，以及遍布全球各地的华商或华裔商界等，以至世界各地的“华商”商业活动等。（4）各类产业商域：各产业或行业各具特点的商业活动，包括农业、制造业、采掘业、建筑业、金融业、旅游业，以及各类服务业，特别是正在兴起的新产业，例如互联网、人工智能、共享经济等，都具有非常显著的商域特点和价值文化特性，应该成为商域经济学的重要研究对象。（5）城乡商域：城市是经济和商业活动的集聚中心，不同的城市具有不同的商业文化和经济特质，是商域经济学应特别观察和重点研究的对象；乡村也是一类值得关注的商域，其商业文化和商业演化可以成为商域经济学很有特色的研究对象。

除了上述主类商域之外，在现实经济中还存在众多“另类商业”，可称为“特殊商域”。所谓特殊商域主要是指实行有别于主类商域的特殊制度、规定了商业活动的特殊行为规则、承担着社会经济中的特殊功能的那类商域。特殊商域的特殊性主要是由一定的制度安排所决定的，从这一意义上说，所谓特殊商域实际上是“特殊制度商域”。在这类商域中，由于制度形态的特殊性，价值文化和经济理性表现，以及运行机理都具有显著区别于主类商域的独特性质，非常值得专门研究。特别是中国实行的是中国特色社会主义，更需要对一些特殊商域进行深入研究。特殊商域主要有四大类：

（1）国有企业。国有企业是特殊企业，其设立宗旨、价值文化、管理规则、行为方式、决策程序等均具有非常不同于一般企业的显著特点。尽管在法律形式上可以尽可能接近一般企业，例如实行有限责任的公司制、公司股票上市交易、成立以董事会为决策中心的企业治理结构、实行劳动合同制等，但国有企业必然受到除一般民商法之外的其他法律或政策规定的规范，即使没有规定其具有“特殊法人”的法律地位（大多数国家都按“特殊法人”来规定国有企业的法律性质），但实质上是特殊法人。国有企业的价值文化必然具有区别于一般企业的巨大特殊性。国有企业高管进行决策的价值取向和心理（风险）偏好，同民营企业家或企业高管都必然具有极大不同，这是国有企业的特殊性质所决定的。在中国，国有企业是一个特别庞大的商域，必须进行长期深入的观察研究。无论进行怎样的改革，只要仍然保持国有企业性质，就永远是一个需要专门研究的特殊商域。

（2）非传统企业。这类企业不以利润最大化为目标，但按照一般商业企业的规则经营（企业产生利润，但不实行利润分红），以保持可持续经营，致力于实现某些社会性目标，通常称为“社会企业”。这类企业不追求企业规模，但具有社会扩展性。例如，孟加拉国经济学家穆罕默德·尤努斯开办的格莱珉银行，从事普惠金融，致力于脱贫，成效卓著，获2006年诺贝尔和平奖。世界上还有不少企业家致力于社会企业的发展，已形成了一个规模不小的特殊商域。

还有一些企业家，反对利己主义的企业经营理念和管理方式，创造性地以利他主义理念和经营方式管理和发展商业性企业（实行利润分红，企业股票还可以上市交易）。最著名的就是日本企业家稻盛和夫。他的经营实践表明，以利他主义理念和经营模式也可以办成非常具有竞争力的企业（他本人曾创办和领导了两家世界500强公司）。在他的倡导和影响下，以利他主义理念进行商业化经营的企业也已为数不少，这可以成为商域经济学的一个很值得深入研究的特殊商域（这类企业也可以归之为主类商域，作为具有较强社会责任意识显著特征的一类）。

（3）类商业组织。在经济社会发展中，还有众多与商业企业有别，但也发挥着为社会提供各种产品和服务的组织。在法律性质上它们不被称为“企业”，属于非商业性（非营利性）组织，在税收等制度上也有别于商业企业，但同商业企业具有许多共性，例如，它们也需要进行财务核算，有收入目标，需要筹资，也会进行投资，存在市场竞争等。因此，完全可以将它们归之为一个（或多个）具有独特性质的商域，称为“类商业组织”，包括各种类型的基金会、（民间）科学研究机构、（民间）教学机构、（民间）医疗机构、体育（经营）组织、宗教组织（寺庙、教堂）的经营机构、党派组织的经营机构、军队的经济机构等。

（4）国家事业单位。这实际上也可以归类为“类商业组织”。在中国，一些重要的科研、教育、医疗、卫生、文化、体育等组织都是按国家事业单位的形式设立和运行的，是一个规模很庞大的特殊商域，在经济社会发展中发挥着特别重要的作用，而且非常具有中国特色。国家事业单位的主业或主要经费由政府财政拨款，同时又有市场化的“创收”任务，财务分“预算内”和“预算外”两部分，不同程度上“自收自支”，具有“体制”内外双轨运行的性质。这样的特殊商域，其运行机制和价值文化必然具有很大的独特性，有必要作为一个专门的特殊商域类别来进行深入研究。

6. 一个前景广阔和充满挑战的新学科

商业经济学和域境商学是一个发展前景非常广阔的研究领域，不仅可以从经济学的基础理论层面和学术体系的底层逻辑上进行深入研究，形成具有范式革命性质的突破性研究成果（可使人“茅塞顿开”），而且可以从现实经济的各个方面进行多视角观察分析，形成内容丰富新颖的研究成果（可使人“耳目一新”）。它的研究方向既可以是学科导向的，也可以是问题导向的，或方法导向的。案例研究也具有重要学术价值。

在深度和广度上都具有极大推展空间和施展舞台的商域经济学及域境商学研究，对其研究者或研究队伍提出了很高的要求，这更可以激发研究者们的学术兴趣和促使更多年轻学人树立学术志向。这是一片辽阔的科研“蓝海”，有志者可以在这里发挥潜力，施展才能，成就事业。

从逻辑上说，商域经济学具有抽象和具象两个方向上的动能主轴，既可以抽象到极致，也可以具象到朴素。由于它的学术属性跨越理论经济学、应用经济学、工商管理以及诸多相关学科，其研究着力点可以是上“殿堂”，成为堂上明珠；也可以是进“花园”，迎来百花齐放。因此，商域经济学研究首先需要发挥高度的理论想象力，并运用逻辑抽象力和归纳综合力，体现对复杂现实世界的深入洞察力和剖析能力。当然，也需要研究者掌握一定的数理技术方法作为研究工具，特别是，现代数字技术支持的大数据分析，可以成为商域经济学研究的得力助手。在这样的科研“蓝海”中，尽管机会无限，但也充满挑战。是否真的能够建立和发展起一个新的学科和学科群，取决于能否产生高质量的研究成果，这需要众多有兴趣并决心长期致力于这一研究的学者、研究者和商业实践者的共同努力。锲而不舍，方有成效。

除了创立商域经济学之外，我还希望在学校领导的支持下，在郑州大学建立一个经济与管理学科创新孵化基地，着力于促进更多新学科的开拓，使更多的年轻学人能够展开想象力的翅膀，在广阔的学术空间中大展宏图。我的设想得到郑州大学校领导和校党委的支持，学校正式批准成立了“经济与管理新兴学科孵化研究郑州大学基地”，并专门拨付经费支持基地设立的各项目落实。学术研究最需要的就是可以让想象力和创造力自由翱翔的创新空间。走过了一生的学术研究生涯，我最殷切的期望就是，能够为年轻学子们开拓新的学术天地，给他们指引一个前景无限的探索方向。所谓学术“导师”，其最有意义的价值也许就在于此了。

2018年12月23日，在北京召开了“经济管理学中国学派研究60人论坛”成立大会。这个论坛是我校7位年富力强的专家发起的一个长期性学术论坛。我建议，这个论坛主要由“60后”（60年代出生的中年专家学者）为主，吸收一部分“50后”和“70后”专家参加。中国经济学管理学的创新事业，寄希望于年轻的一代。这个论坛是开放性的，可广泛邀请成员之外的专家参加。汇聚起一批最有活力的学者，研究经济学管理学的学术创新和学科发展问题，不仅可以推进科研，而且可以为学术事业的代际传承做出贡献。

回顾40多年的学术生涯，我的经济学研究经历折射出了中国经济学体系的演化形成过程。从接受传统政治经济学理论到大范围引入“西方经济学”，今天，我国走到了必须进行经济学范式变革的历史关头。我有幸再次获得这样一个历史机遇，有可能做出一些新贡献。

中国当代经济学体系的演化受到微观—宏观范式思维的强烈影响。按照这一经济学范式，假定微观经济主体的行为均以自身利益最大化为唯一目标，只要让其自主决策、自由交易，就必然会倾向于达到局部均衡乃至全局性均衡的状态。即使我们所观察到的现实经济并非如此，但坚持微观—宏观范式的经济学家仍然认定（假定），自由市场经济一定会趋向于达到经济理论所假想的均衡状态。即使发生意外的偏离现象，也可以通过宏观政策的调控来达到平衡，且能实现“充分就业”的目标。当这样的范式结构成为如美国著名科学史学者托马斯·库恩所说的“常规科学”后，经济学研究就变得总是致力于“似乎是强把自然塞进一个由范式提供的已经制成且相当坚实的盒子里”①，而不再是努力发现新的现象和规律。经济学的“高深”研究成果就变得越来越力图基于假设的“建模”，通过“推演”而获得“结论”，似

① ［美］托马斯·库恩：《科学革命的结构》（第四版），金吾伦、胡新知译，北京大学出版社，2012，第20页。

乎还可以“验证”。其实，“结论”中的“发现”已经包含在“假设”之中。而当真的需要观察和研究现实经济和解决问题时，经济学的微观—宏观范式却显得既缺乏可应用性，又缺乏预测力，往往连重大经济危机和金融危机也无法预见。这样的经济学真的可以自诩为“有用的科学”和社会科学“皇冠上的宝石”吗？

经济学的微观—宏观范式实际上是试图构建一条捷径，直接通向一个完美世界——均衡、最优、充分就业、福利最大化等经济表现，都可以存在于一个逻辑自洽的学术体系中，而且可以用非常精确、没有歧义的数学方式进行定义、推导和描述。但是，这毕竟是一个假设的世界，它越“高级”，就越具有形式的精致性，就离现实世界越远，它似乎进入了“殿堂”，却不再关注现实。

为了探索经济学范式变革和推进新学科体系构建，继2018年发表了《关于开拓商域经济学新学科研究的思考》一文之后，我于2019年连续发表了《试论经济学的域观范式——兼议经济学中国学派研究》（《管理世界》2019年第2期）、《经济学：睁开眼睛，把脉现实——敬答黄有光教授》（《管理世界》2019年第5期）、《论经济学域观范式的识别发现逻辑》（《中国工业经济》2019年第7期）等论文。《人民日报》于2019年4月8日刊载了我的文章《探索推进经济学范式变革》，支持这一学术探索。同时，我组织郑州大学商学院的专家开始编撰《中国经济与管理学科发展报告》，计划每年撰写出版一部反映中国经济学与管理学学科发展状况，特别是新兴学科和交叉学科形成态势的学术报告，希望历年经久之后能形成系列性、累积性的研究成果，使之成为能够全面跟踪反映中国经济学与管理学学科体系、学术体系、话语体系构建历程的“百科全书”式学术精品。

以微观—宏观范式为主导的“现代经济学”从被引入到在中国形成气候，不过30—40年的时间，中国各高校设立的经济学课程体系和学术内容，大多从西方国家引入，具有明显的模仿性。当下，在中国的经济学体系中，不仅一级学科“应用经济学”所辖各分支（二级、三级）学科大多以微观—宏观范式为基础，而且另一个一级学科“理论经济学”所辖的一些分支学科也默认这一学术范式，所以，微观—宏观范式实际上成为中国经济学界最具影响力和渗透性的思维逻辑的“影子”基础，可以说很大程度上已是中国经济学体系的“默认”范式，甚至在党和政府的官方语境中也占有相当的话语地位。其实，微观经济学和宏观经济学在西方国家都已经受到多方质疑和批评，在中国更表现出很大的不适应性。所以，变革范式，还经济学以科学本色，进行学术创新，是中国经济学界的一个重要历史使命。而当我们引入域观范式后，实际上也就是经济学史观范式的复兴（在微观—宏观范式居主导地位之前，即19世纪末之前，主导经济学、政治经济学的是史观范式）。以史观范式主导的政治经济学可以同整个经济学（理论经济学和应用经济学）体系衔接融通，因而经济学范式结构的变革将沿着“史观—微观—宏观—域观”的方向演进，形成更具科学性的学科体系和学术体系。